中国风俗图志

苏州卷

为民族风俗的传续留念
为中华文化的复兴存根

谢友苏 绘
刘放 著

刘晓峰 李北山 总主编

泰山出版社·济南·

出版说明

随着当代中国工业化和城市化进程的加快,人们的生活方式快速变迁,乡风民俗正迅速发生变异甚至消亡。对各地的乡风民俗的抢救性记录,成为当务之急。

乡风民俗作为人们生产生活过程中所形成的一种文化现象,因其非物质性,甚至非口头性,只能以文本、影像等形式加以记录保存,但都有其局限性。因此,泰山出版社另辟蹊径,以"图绘+文献"的形式整理、记录、保存中国各地的乡风民俗。

在中国,风俗画有着悠久的历史,是劳动人民热爱生活、记录生活而进行的艺术上的创造。从石器时代的岩画到汉代的画像砖,都以图绘的形式记录了人们的日常生活。到唐宋时期,风俗画的制作已蔚然成风,如北宋张择端的《清明上河图》、南宋李嵩的《货郎图》,不仅形象生动地展示了当时的风俗人情、衣冠服制等,还让画作本身成为艺术珍品。当代风俗画在传统风俗画的基础上,将中国画艺术和民俗主题进一步融合,其作品形式直观、鲜活,充满了艺术的魅力和民间的气息,以特有的艺术形式为我们呈现了正在加速消亡的乡风民俗。

泰山出版社历时四年推出《中国风俗图志》系列丛书,以图绘形式尽可能系统地整理、记录、保存中国各地的风俗,与文字记录、研究形成互补和互释,以"左图右史"的形式加以呈现。二者相辅相成,不仅描述"民俗是什么",更探究"民俗为什么";既希望让读者能够记住乡愁,也力图为中国的民俗学研究提供另一种文本。此次推出的《中国风俗图志》系列第一辑共11卷,分别为:"北京卷""武汉卷""关中卷""杭州卷""苏州卷""常州卷""石家庄卷""吉林卷""中山卷""川西卷"及"鲁西南卷"。本卷为"苏州卷",由谢友苏先生绘图,刘放先生撰稿。

为民族风俗的传续留念!为中华文化的复兴存根!这就是《中国风俗图志》这套大型丛书的目的。

总序

风俗和图画,是我们每个人从小就熟悉的两件事物。

以风俗说,人以群居,则事有相沿,浸浸自然成俗。习俗积久,其数必夥,自有聪明之士,兰心蕙目,笔墨志之。是故汉有风俗之书,梁有荆楚之记。以图画说,巧拙不论,凡人从小到大,皆有笔画彩涂的经历。而人最喜欢摹画者,当然是身边诸物,是自己觉得最有意思的生活细节。所以风俗入画,在中国早见于岩画、画像石与壁画之中。今天博物馆留存的中国历代画作,如《清明上河图》这样专以风俗为题材的亦多有。进一步说到文字与图的结合,同样历史久远。流传至今的《山海经》,就是为已经遗失的《山海图》写下的注释文字。而以图插于书中,则更为中西书肆业者共同热心做的事情。因为图文有相互参映之效,所以鲁迅称赞之"不但有趣,且亦有益"。但举目书林,像本套书这样大规模将图画与笔墨并举而为地方风俗图志者,可谓前所未有。《中国风俗图志》将艺术之美与文字之美紧密地结合在一起,擎优美文字介绍一地之风俗,嵌艺术彩墨展示一方之风化,诚可谓具有极高艺术价值,展示深湛审美意蕴,足以令人耳目一新。

总 序

风俗就是我们的生活。每一个人从出生那一天起,就身处于某一地风俗之中,并不知不觉被此地风俗浸染,美之乐之。但是,我们所在的,是一个充满变化的世界。改革开放四十多年,中国的变化天翻地覆。一方面,是城市的巨变。北京,如大饼般一环一环摊开,成为拥有七环的巨大首都;深圳,由南方一个小小渔村变身成千万人生活的现代化城市;在我们注意不到的地方,都市在扩展,以亿万计的人口在涌进城市。另一方面,是农村的巨变。在我们不知不觉间,已经有很多个拥有几百年历史的村庄从这个世界消失。而依旧存在的村庄,也都已经不是旧日的面貌。

1924年,有一位名叫青木正儿的日本学者来到中国。时当中华民国成立刚十几年,社会上新文化运动狂飙突进,正是传统中国社会风俗日渐磨灭的年代。这位研究中国古代戏曲小说的学者走遍中国大江南北,像中国老百姓一样赶早市、逛戏园、进茶馆,漫步北京大小胡同,他发现中国依旧保留有许多古老的风俗。有感于中国社会变化之迅速,他列纲目,选对象,请画师,想为后世留下一部《中国风俗志》,可惜后来由于财力不足,只请中国画师刘延年画下了一百余幅描绘北京风俗的彩图。后有内田道夫教授博采众书,为这些图做了解说,这就是日本平凡社出版的《北京民俗图谱》。二十世纪六十年代老舍睹图,惊叹书中所画许多风俗已不可见。今天的中国,依然行驶在一条迅疾发展的高速路上,城市的扩张、生活空间的巨变,使许多旧日风俗变化甚至消失得无处追寻。风俗承载着我们成长的记忆,但遗憾的是,这些记忆在一天天地消失。时移世迁,令人无限叹惋。有幸的是,我们生活中,有这样

总 序

一群学者,他们坚持着一笔一画地记录下了故乡点点滴滴的风俗;有这样一群画家,他们用画笔追寻乡土记忆,留下精彩纷呈的风俗图画;更有泰山出版社这样的"及时雨",把这两群人的力量汇聚到一起。群贤毕力,就是为给亲爱的读者们呈现这套《中国风俗图志》。

神州赤县,江山代有奇文出;彩墨华章,且留胜迹待追寻。相信假以数年,《中国风俗图志》中所记所画,一定会成为留给未来的宝贵精神文化财富。

是为序。

刘晓峰
中国民俗学会副会长
清华大学人文学院历史系教授
2019年12月12日 清华园

目录

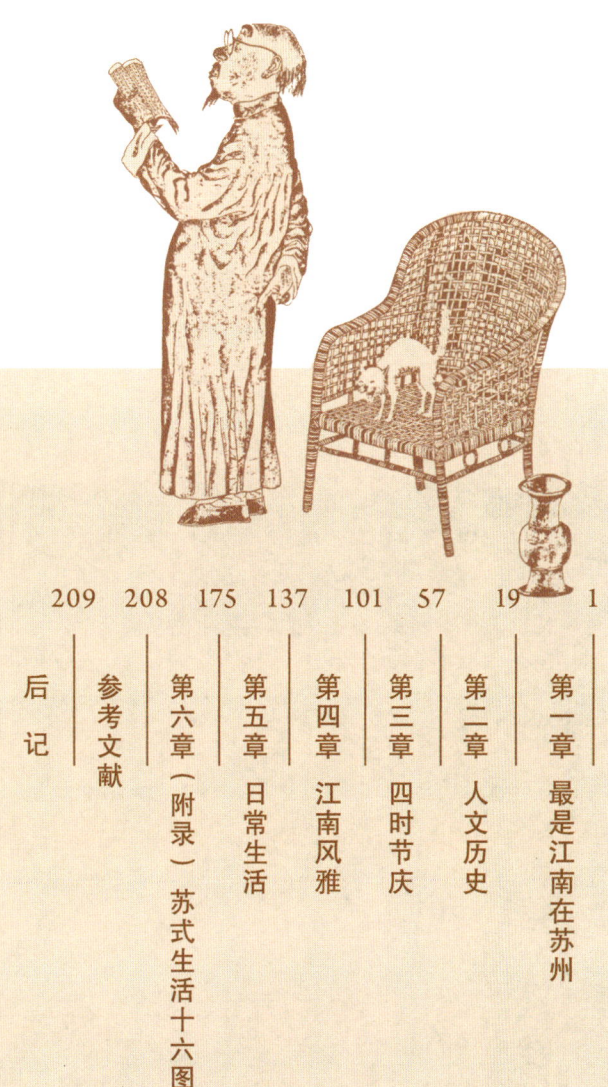

第一章 最是江南在苏州	1
第二章 人文历史	19
第三章 四时节庆	57
第四章 江南风雅	101
第五章 日常生活	137
第六章（附录）苏式生活十六图	175
参考文献	208
后记	209

图 录

图 录

中国风俗图志·苏州卷

平江岁月图（局部）

第一章 最是江南在苏州

能不忆江南

　　孔子在《论语》中说:"泰伯,其可谓至德也已矣。三以天下让,民无得而称焉。"翻译成现代白话文就是:"泰伯可以说是品德最高尚的人了,几次把王位让给三弟季历,老百姓都找不到合适的词句来称赞他。"

平江岁月图（局部）

泰伯何许人也？泰伯是苏州文明史上值得大书的第一人。

传说古公亶父知道三子季历的儿子姬昌有圣德，想传位给季历，长子泰伯知道后便与二弟仲雍一起避居到遥远的东南，也就是后来的吴地。古公亶父死，泰伯也未回来奔丧，后来又断发文身，表示已经入乡随俗，终生不返，把君位让给了季历。季历后传位给姬昌，即周文王。周文王逝世前传位给嫡次子姬发，史称周武王。周武王讨伐纣王，灭了殷商，统一天下，建立西周，成为千古明君。这一历史事件在孔子看来，是值得津津乐道的，三让天下的泰伯是道德高尚的人。天下只有让与贤者、圣者，才有可能得到有效治理，因而才会赢得老百姓的称赞。

司马迁在《史记·吴太伯世家》中记载："吴太伯（古'太'通'泰'，即泰伯），太伯弟仲雍，皆周太王之子，而王季历之兄也。季历贤，而有圣子昌，太王欲立季历以及昌，于是太伯、仲雍二人乃奔荆蛮，文身断发，示不可用，以避季历。季历果立，是为王季，而昌为文王。太伯之奔荆蛮，自号句吴。荆蛮义之，从而归之千余家，立为吴太伯。"

　　这段文字也是说,兄弟三人当中,老三季历和他的儿子姬昌都很贤明,周太王因此有立季历为继承人的想法,以便传位给姬昌。泰伯知道父亲的心思,为了成全父亲,于是便和二弟仲雍逃奔到荆蛮之地,文身断发,以表示永不继承君位,来避让季历。

　　关于泰伯、仲雍二兄弟的这次远奔荆蛮之地,一般的说法,都认为二人是出于"孝道",还有就是"让贤",这种说法应该不错。当然,也有人认为是"避让"。但唐代诗人陆龟蒙在《和泰伯庙》一诗中咏叹:"故国城荒德未荒,年年椒尊湿中堂。迩来父子争天下,不信人间有让王。"明显有质疑"让王"说之意。泰伯生活的年代大约在公元前1165至前1074年,到陆龟蒙所处的唐代,近两千年的时间里,中间多少战火纷飞、父子兄弟残杀、生灵涂炭,许多皆为权力之争。有权在手是好的,但风险也太大,与其亲兄弟自相残杀,不如远离政治旋涡,远走高飞,既是呵护兄弟,也是保全自己。正应了后人的那句话:"忍一时风平浪静,退一步海阔天空。"可以顺势加一句"让一次皆大欢喜",或者"让一次彼此双赢"。

中国风俗图志·苏州卷

平江岁月图（局部）

　　与"让"相对应的，似乎是"争"，二者是两种截然相反的思路。"争"是积极进取，捍卫甚至争夺，但赢的同时也可能是输。"让"是消极地退避，拱手交出自己应得之物，但失去的同时也能规避风险，经过不断的努力还可能获得更多。泰伯两兄弟的这次"让"，失之西北，收之东南。一时之争，争夺的是眼前的政治权力，一个官位，独赢；一时之让，图的是将来的经济发展，一方富足，多赢。

　　从客观效果上看，两位兄弟这次伟大友善的礼让，伟大机智的奔走，在华夏版图的东南，描绘并创造了在往后岁月中富饶秀丽的江南。这次商末的西北地区姬姓周氏族首领古公亶父之子泰伯、仲雍避位让贤，从陕西岐山下的周原，千里南奔，来到长江下游南岸的梅里，与当地土著居民结合，建立了带有部落性质的"勾吴之国"。这是苏州一带称吴的最早记载。这是从时间上说苏州的文化源头。

　　从空间上来说，当然离不开那句"上有天堂下有苏杭"的名言了。

　　《史记》三十世家中，以吴太（泰）伯为第一。江南历史悠久，地域特色明显，文化底蕴深厚。但要说到历史悠久，显然比起殷商来还是要晚不少，这从泰伯奔吴被称为"奔荆蛮"即可看出。江南被开发的时间肯定是晚于北方的。"上有天堂，下有苏杭"这句话最早出现，是在南宋时期。原文为"天上天堂，地下苏杭"，吴郡人范成大的《吴郡志》中有此记载。这时，江南就成了"女大十八变，青春无丑女"。

　　苏州东临上海，南接浙江，西抱太湖，北依长江。苏州隶属的自然地理区，既是长江三角洲平原地区，又是太湖平原地区。全市的地貌特征以平原为上，地势低平，自西向东缓慢倾斜，平原的海拔高度3—4米，阳澄湖和吴江一带的海拔高度仅为2米左右。

　　在这两大平原区，低山丘陵零星散布，一般高100—350米，分布在西部山区和太湖诸岛，其中以穹隆山最高，但也只有342米。此外，还有南阳山、西洞庭山缥缈峰、东洞庭山莫里峰、七子山、天平山、灵岩山、渔洋山、虞山、潭山等，均反复出现在诗文典籍中。

平江岁月图（局部）

苏州属于亚热带季风海洋性气候，四季分明，气候温和，雨量充沛，年均降水量1100毫米。古城境内河港交错，湖荡密布，最著名的湖泊西有太湖、漕湖，东有淀山湖、澄湖，北有昆承湖，中有阳澄湖、金鸡湖、独墅湖。京杭运河贯穿市区北部。太湖水北泄入江或东进淀泖后，经黄浦江入江；运河水由西入望亭，南出盛泽；原出海的"三江"，今由黄浦江东泄入江，由此形成苏州市的三大水系。

苏州城内河道纵横，故又被称为"水都""水城""水乡"，13世纪的《马可·波罗游记》将苏州赞誉为"东方威尼斯"。城内建筑精美被法国启蒙思想家孟德斯鸠称赞为"鬼斧神工"。

气候和自然地理条件使得苏州水网密布，土地肥沃，主要种植水稻、小麦、油菜，出产棉花、蚕桑、林果，特产有碧螺春茶叶，长江刀鱼，太湖"三白"（白鱼、银鱼和白虾），阳澄湖大闸蟹等。这里是我国著名的水稻高产区，农业发达，有"水乡泽国""天下粮仓""鱼米之

乡"之称。宋以来,这里就有"苏湖熟,天下足"的美誉。

虽然苏州地区的开发较之中原地区稍晚,但其得天独厚的地理优势,使这里"青出于蓝而胜于蓝"。唐宋以来,苏州不断加快追赶中原地区的脚步,至明清,其发达程度已然远远超越中原。这里是古诗词中所说的"江南"地区。唐代诗人白居易有《忆江南》一词,词曰:"江南好,风景旧曾谙。日出江花红胜火,春来江水绿如蓝。能不忆江南?"吟词的瞬间,他脑海中浮现的大概就是苏州的景观和苏州的风俗。

关于江南,民间有这样的说法:"一部明清文化史,十之八九在江南。"还有更夸张的盛赞,即"一部江南文化史,十之八九在苏州"。

平江岁月图（局部）

苏松赋税半天下

　　盛赞自然带有浓厚的主观色彩，不无夸张。从上海复旦大学历史地理研究中心教授葛剑雄先生的研究来看，世人对江南特别是对苏州、杭州的赞誉，在唐朝后期已经盛行。民间常盛赞苏杭为"人间天堂"，在这里，"天堂"的含义不仅是经济富庶，还包括风景优美、生活宜人。这固然离不开适宜的自然环境，更需要坚实的经济基础（当时主要包括农业生产和城市的服务行业）。唐代苏州与杭州的治所就在今天的苏州与杭州，杭州的辖境大致与今天的杭州市相当，但苏州辖境包括了除崇明以外的今上海市（当时称松江）和嘉兴市，所以，苏州与杭州是直接连通的，当然也就"相提并论"。在"苏杭"这一区域中，"苏"不仅排在"杭"之前，辖境也比杭州大得多。说苏州当时已成为江南之首，应该是没有什么争议的。

　　因唐代苏州的东部地区于五代期间分置秀州，宋代苏州已不包括今上海市的南部和嘉兴

市辖区。杭州虽是南宋的"行在所"（临时首都），经济的繁荣、服务业的兴盛和湖光山色使其仍能享有"天堂"的美名，但毕竟耕地有限，农业生产不足与苏州、常州相比，苏州的经济地位更加稳固，已居南宋诸城市之首。

元灭南宋的过程中，江南地区未发生多少战事，入元后依然是全国经济重心所在。杭州虽失去政治中心的地位，商业、服务业也受到影响，但仍属经济发达地区。随着棉花的种植和棉纺织业的迅速发展，松江府逐渐成为棉布的主要产地，以至于有"衣被天下"之称。松江的经济地位虽难说已位列江南之首，但肯定可与苏州、杭州、常州比肩。

明初太祖朱元璋定都南京（应天府）后，又划定了一个范围极大的京师，包括今江苏、安徽两省与上海市，还一度将已属浙江的嘉兴府的大部分划入其中。南京不仅是首都，也是江南的行政中心。尽管朱元璋曾以严厉措施打击江南富户如沈万三，并将一部分苏州富户强制迁往他的故乡濠州钟离（今安徽凤阳）以及苏北盐城的海边滩涂，但依然无法改变京师南北

平江岁月图（局部）

贫富差距悬殊的状况。

  明朝中期有"湖广熟，天下足"之说，说明全国的商品粮基地已转移到湖广（今湖北、湖南）地区，但这并不意味着苏常、苏松地区的经济地位有丝毫撼动。由于耕地开发殆尽、人口密集，苏州的粮食产量甚至已无法满足本地的需求，但发达的商业、手工业和不断创新的服务业创造了更多财富，使苏州人不仅能购买商品粮，还能获得丰富的商品和商业服务。"苏松赋税半天下"的说法虽然夸张，但"苏松赋税甲天下"即其赋税额度所占比例为全国最高是不争的事实。从明朝留下的各种赋税钱粮的统计数字来看，苏州府、松江府承担的赋税额度和实际上缴纳的米麦钱钞，不仅一直是全国最高，而且远远超出了两府田地、人口在全国所占的比例。明洪武二十六年（1393年），全国农田平均每亩征收税粮3.46升，而苏州府农田每亩征收的税粮却高达28.53升，苏州实征税粮274.699万石（主要为稻谷，麦只占20%左右），竟占全国税粮总数的9.55%，多过当时四川、广东、广西、云南四省税粮的总和，后来税粮越

征越高,以致唐寅在《姑苏杂咏》中感叹道:"四百万粮充岁办,供输何处似吴民?"从数字上看,苏松无论赋税总量还是人均的赋税负担均为全国最高,但从各方面记载来看,苏松官绅百姓的实际生活水准不仅不低,而且还相当富裕舒适。这应该是由于当地手工业、商业、服务业发达,百姓还有农业以外的财富收入的缘故。因此,就经济而言,苏州、松江分别稳居第一、第二位,始终高于常州府以及浙江的杭州府、嘉兴府、湖州府。

经济地位决定了苏州人的文化心理,也带动了苏州民俗的变化。加之文化人众多,苏州成为名家荟萃、引领文化风尚之地。五代前蜀诗人韦庄在他的《菩萨蛮》中写道:"人人尽说江南好,游人只合江南老。春水碧于天,画船听雨眠。垆边人似月,皓腕凝霜雪。未老莫还乡,还乡须断肠。"诗句给人很多的想象空间:不但有碧水画船,还有如月亮般的丽人,来了就舍不得离开了。如果不得不离开,就要伤感得断肠了。在庆祝香港回归祖国20周年大会暨香港特别行政区第五届政府就职典礼上,习近平主席发表了重要讲话,并引用一句粤港人

平江岁月图（局部）

的俗语"苏州过后无艇搭"来勉励香港市民。这句粤港俗语是"过期不候"的意思，也就是"过了这村就没这店"，体现了生意人争分夺秒、抢抓机遇的竞争心态。俗语的背景，据说是以前在江南一带的游艇上都有一些歌女弹唱，但是过了苏州以后的游艇上则没有歌女弹唱了。后来人们说成"苏州过后无艇搭"，这里的"艇搭"是指没有歌女弹唱的游艇，而并非真的没有艇搭。当然，苏州漕运的发达由此也可见一斑。

江南文脉苏州是

悠久的历史和发达的经济，必然带来历史文化的繁荣。

截至2019年底，苏州全市累计有6个项目被联合国教科文组织列入《人类非物质文化遗产代表作名录》，33个项目被列入国家级非物质文化遗产代表作名录，39人被认定为国家级

非物质文化遗产代表性传承人。苏州是中国首个"世界遗产典范城市"。平江、山塘历史街区分别被评为中国历史文化名街和中国最受欢迎的旅游历史文化名街。

苏州方言为苏州话,是吴语的一种,也是汉语七大方言语系之一吴语的标准语,隶属汉语—吴语—吴语太湖片,长期以来一直是吴语的主要代表方言之一。苏州话以优雅著称,所谓吴侬软语即由此而来。一种方言好听与否,主要取决于其语调、语速、节奏、发音以及词汇等。吴语是汉语各方言语系中形成时间最早的方言之一,古吴语融合古中原语构成现代吴语,因此吴语至今保留了相当多的古音,其发音给人低吟浅唱的感觉。

苏州的民俗除了各地都有的普遍习俗,还有许多独特的民俗。譬如,每年农历五月初五的赛龙舟和吃粽子喝雄黄酒,苏州人纪念的对象不是诗人屈原,而是伍子胥;敬的财神爷不是关羽,也是伍子胥。每年农历六月初六,苏州有晒书习俗。这一天将图画书籍晒于庭中,以防虫蛀腐蚀。各寺院庙宇也会将所藏经书搬出来晒一晒,僧人趁机召集乡村老妇开"翻经会",组

平江岁月图（局部）

织她们在烈日下翻经曝晒。又有民谚云："六月六，狗汏浴。"苏州方言将洗澡叫作"汏浴"，就是将狗、猫牵到河中沐浴，称此举可避虱蚤。还有农历七月三十的烧"狗屎香"，这一日许多人家都会在房前屋后点燃一炷香。为何叫"狗屎香"这么难听的名字呢？原来是为纪念元末的"苏州王"张士诚，他的小名叫"九四"，与"狗屎"谐音，杭州百姓便以谐音为香名，顶着被杀头的风险纪念他。张士诚是苏北泰州贩私盐出身的穷苦人，忍受不了元朝的统治，带领一帮穷兄弟起义，并且打过长江，在苏州称了王。但后来他又降元，并镇压农民起义军，攻杀了著名的红巾军领袖刘福通，最后为朱元璋所败，自缢而死。张士诚之所以能在身死后为苏州人所怜，主要是他在苏州期间为苏州百姓增收减税，因此颇得民心。当时，朱元璋攻打苏州非常吃力，因为张士诚有苏州百姓的帮助，甚至在围城期间，百姓在城里种粮食蔬菜，"自己动手，丰衣足食"，开展大生产运动。从这个习俗中，大可窥见苏州人的文化心理。

苏州的书画非常了不起，在魏晋南北朝时期的南朝已取得很大的成就，出现了顾恺之、

陆探微、张僧繇、曹不兴等书画大家,这一时期的吴地绘画在中国绘画史上发出了耀眼的光芒。唐代最为突出的苏州籍画家有张璪、朱景玄、朱审。两宋时期,苏州一带花鸟画家的成绩比较显著,山水画也达到了新的高度。到了元代,苏州画家们响应赵孟頫的"文人画"思想,用写字的笔来绘山水、花鸟和人物,借以抒发性情。此时的黄公望"外师造化,中得心源",对后世影响深远。他的巨作《富春山居图》是世界美术史中少见的杰作。受文人画的发展影响,元代苏州的花鸟画也开始向水墨方向发展。

明代的苏州绘画形成了文化修养和风雅生活相结合的绘画艺术风气,强调人品、学问、才情和思想等要素,作品多为即兴抒情之作,提倡清新素雅而趋于平淡天真的艺术风格。这些近乎职业化的文人画家又积极地推动了文人画风气的蔓延,到了正德、嘉靖时期,由于沈周、文徵明、唐寅、仇英的努力,有着广泛影响的"吴门画派"最终形成,成为明代绘画的主流形态。到了明代晚期,吴门画派的画家们重视继承古人的笔墨传统,把对风格的追求作为

平江岁月图（局部）

艺术的重要目的。而且，由于他们具有深厚的文化修养，有各自的美学追求，从而也具有很强的创造性。明代苏州画家精湛的笔墨技法和师法自然的绘画思想，对后世画坛有着极为深远的影响。吴门画派引领画坛至今，600年间从未中断，人才辈出。

苏州的书法界更是名家众多，唐代大书法家"草圣"张旭就是苏州人。再往前推，著《书谱》的孙过庭是初唐吴郡人；编撰我国第一部以楷书为主体的古代字典《玉篇》的顾野王是南朝苏州人；写下今存最早的古代名家墨迹《平复帖》的陆机是西晋苏州人……

苏州是昆曲和苏剧的故乡。昆曲是中国首个世界非物质文化遗产，现也被称为"昆剧"，元末明初时兴起于今苏州昆山、太仓一带。自明代隆庆、万历之交，至清代康熙、嘉庆年间，昆曲由于得到革新而迅速兴盛，其时在苏州城镇、乡村，人们对昆曲的迷恋已到了如醉如狂的地步——组织业余班社，举行唱曲活动，一年一度的虎丘曲会几至"倾城阖户"。在昆曲鼎盛时期，以苏州为中心，其流布范围几乎遍及全国各大城市，独霸剧坛二百余年，被誉为

"百戏之祖"。昆曲的繁荣,培养了一大批优秀的演员,也出现了一批著名的作家,为后人留下了一大批著名的传奇剧本。如《牡丹亭》《窦娥冤》《浣纱记》等流韵至今,其中众多艺术家携手打造的"青春版"《牡丹亭》更是在奥地利维也纳的金色大厅上演。

苏州是著名的"状元之乡",按现在的辖区计算,历史上苏州曾出现过45位文状元、5位武状元,其中,文状元数量占全国总量(596位)的7.55%,居全国各城市之首。目前苏州共有两院院士110人,同样居全国同等城市之首。从古代多状元到当代多院士,这其中文脉的传承,颇有深意。

至于园林文化、美食文化、丝绸文化、医药文化、建筑文化、感恩文化、忠孝文化……江南无不走在全国前列。

民风村俗,皆有渊源;一事一物,俱关文化。自然风貌带来"风"之不同,行为之异导致"俗"之差异。风俗这种社会长期演变而形成的风尚、礼节、审美、习性,文化内涵丰富,值得

中国风俗图志·苏州卷

平江岁月图（局部）

总结、探究。《礼记》曰："君子入境而问禁，入国而问俗。"总结个性独具而兴味无穷的地方民风民俗，探究为何会出现"十里不同风，百里不同俗"的现象，这才是顺习俗之藤摸文化之瓜的准确途径，而不是面对那种似是而非、信口雌黄的戏说导游词，莫衷一是。

那么，不妨到苏州来看看，亲自发掘江南最丰富的文脉矿藏，亲自感受江南最原汁原味的风俗习惯。

第二章 人文历史

温山软水的吴地,虽然被开发的时间晚于中原等北方地区,但由于温和多雨、物产丰茂,加上受战乱兵燹影响相对较小,大运河带来的交通便捷、漕运发达,南宋以来北方的大量文化精英南下,更让苏州地区的经济文化迅速发展,成为中华大地最为富庶风雅之地。这里尚文重教、民风俭朴,出现了很多名士和经典诗文,由此也带来了百姓的文化觉醒和文化自信,在赏花看灯、临帖学画、听书拍曲等方面,形成与别处有同又有异的价值取向和是非甄别观念。

吴门迎春

新春伊始,万物复苏。最深刻的复苏,自然还是人心,是人心中对新的一年充满的期盼和规划。

吴门风俗旧时讲究行春仪式,在立春的这一天,即郡守率僚属到古城楼门外的柳仙堂迎春。管理车马的人在前面大声吆喝,清除路障,设置很多仪仗,前面排列着杂戏杂耍,春牛排在最后。观看的人都到街市上去,男女争相用手抚摸春牛,以图沾点儿新年的好运气。这倒与现在的习俗很接近,只是现代人爱称之为"牛气"。当时本地的谚语说:"摸摸春牛脚,赚钱赚得着。"

吴地诗人蔡云在《吴歈》中写道:"去去娄关有古坊,争看太守迓勾芒。歌童毛女风流歇,端为迎春特地忙。"

明代文学家袁宏道有一首《迎春歌》,写的就是吴门迎春的壮观。

中国风俗图志·苏州卷

迎新图

东风吹暖娄江树，三衢九陌凝烟雾。
白马如龙破雪飞，犊车辗水穿香度。
绕吹拍拍走烟尘，炫服靓装十万人。
额罗鲜明扮彩胜，社歌缭绕簇芒神。
绯衣金带衣如斗，前列长宫后太守。
乌纱新缕汉宫花，青奴跪进屠苏酒。
采莲盘上玉作幢，歌童毛女白双双。
梨园旧乐三千部，苏州新谱十三腔。
假面胡头跳如虎，窄衫绣裤槌大鼓。
金蟒纾身神鬼妆，白衣合掌观音舞。
观者如山锦相属，杂沓谁分丝与肉。
一路香风吹笑声，千里红纱遮醉玉。
青莲衫子藕荷裳，透额裳髻淡淡妆。
拾得青条夸姊妹，袖来瓜子掷儿郎。
急管繁弦又一时，千门杨柳破青枝。

袁宏道（1568—1610），明代文学家，字中郎，又字无学，号石公，又号六休。荆州公安（今属湖北公安）人。袁宏道在文学上反对"文必秦汉，诗必盛唐"的风气，提出"独抒性灵，不拘格套"的性灵说。与其兄袁宗道、弟袁中道并有才名，合称"公安三袁"。他在苏州写有很多性灵小品。

开门见红，暖上心头。迎春时拟春联、写春联、贴春联，可是美滋滋、乐陶陶的开心事儿啊。虽然这应该是年前的工作，属旧年作为，但带来的是新春的喜悦。时髦女郎把桃红敷上腮颊，雅气人家将春联贴在门旁，一片新春景象！

一副春联，就是喜迎新春的标签，也就近乎将红红联儿贴在自己心扉！

中国人对春联可谓是情有独钟，人不分东西，地不分南北，过年都有在门旁贴大红春联的风俗。春联物美价廉，不过两条红纸，其上书写几个汉字，成本不过几毛钱或块把钱，贫家富户都能贴，豪门柴扉皆适宜。内容可雅可俗，词性可明可晦，邀请三皇五帝无人拒绝，吆喝俊男靓女立马到来。一个普通的人家，门前一副"藏龙卧虎"的好联不仅使自己满怀豪情，门前路过的识货者也不觉眼睛一亮，暗暗竖起大拇指点赞。

谢友苏先生笔下苏州人写春联的画《迎新图》，构图精妙，令人叩案。这应该是一家三代

中国风俗图志·苏州卷

沾衣欲湿杏花雨　吹面不寒杨柳风

前来求春联吧，老爷子挺着微微发福的肚皮，拄着文明棍，求福若渴之情表露无遗；儿子环抱双臂，目光斜睨，显得淡定含蓄了很多；胖胖的孙子干脆将下巴搁在画案上，无忧无虑，借用网络语言就是：我是看热闹打酱油的。最出彩的，当然是主角——戴瓜皮帽的老书家，马步案前，悬腕运毫，全神贯注，"老子天下第一"的架势，煞是可爱。

这写春联的画面，不正是市井巷陌一幅暖意浓浓的迎春和谐图吗？

这幅图，可当民间迎新祈福的标签，贴上城市门楣。

举家踏青赏花

江南水乡，花事繁盛，而苏州人赏花的劲头自古以来就很高，尤其是百花争艳的春天，这个时节正是城里人下乡踏青的好时节。

苏州这座城市，与杏花很投缘、很协调。陆游诗句"小楼一夜听春雨，深巷明朝卖杏花"明明是写浙江临安的景，但很多人却将它加在了苏州的头上，说是苏州的景致。为什么？因为协调、般配，就像有些人身上穿的明明是假名牌，但人家觉得他穿的是真的；有的人身上穿的明明是真名牌，但偏偏看上去像假的。

我在苏州的郊外亲眼看到过很多杏花，看到很多人举家前往郊外欣赏杏花。更多的是去东山西山还有邓尉看梅花，那真是蔚为大观。苏州的梅花比杏花多，相形之下前者是江海，后者是河湾。苏州人相约一起去看梅花，不，苏州人不叫看梅，叫"探梅"，像《四郎探母》这出戏中的"探母"，"探"为"探望"的意思，用在赏花上，非常雅致。苏州的梅花原本并不是用来观赏的，而是属于果品，是做蜜饯用的青梅，一开起花来，漫山遍野，有很强的观赏性，以规模见长，也很入画。

赏罢梅花或者说探梅之余，还要吃农家菜。现在叫农家乐，就是吃农民在地头种的菜，以及自己养的不吃饲料的鸡等。如果幸运，还能吃到用柴火烧的饭，比用煤球或煤气烧的饭好吃很多。外出运动一番，呼吸野外的新鲜空气，胃口也开了，再整一顿农家饭菜进喉落肚，心里美美的。

踏青是一个悠远的民俗，在今天的苏州却仍然保存着。一些家长在早春往往要挤出时间带孩子去近郊走走。自己明明带着伞，却不打开挡雨，而是愿意被牛毛一样的杏花雨浇一

浇,让雨滴落在额头,落在脸颊,凉凉的,舒服。苏州人是很会"白相"(玩)的。"沾衣欲湿杏花雨,吹面不寒杨柳风",让皮肤上的毛孔、皮肤下的毛细血管与杏花雨接触,其真切程度甚于用眼观赏。

当年的苏州城里人下乡踏青,往往也会去看看蚕农,看蚕农采桑、养蚕,体会古诗中写蚕与丝的凄美诗句的意境。如果遇到有桑葚果,那是一定要采撷一些的,自己尝尝味,也给带去的孩子尝尝,并一定会讲《诗经》中那个"于嗟鸠兮,无食桑葚"的故事,孩子们一定会听得津津有味,并由此喜欢上《诗经》。但如今乡下养蚕采丝,或是做丝绸的材料,或是做蚕丝被的材料,估计这诸多的关于"蚕党"的风俗是不存在了,只能成为今人在杏花雨中回味的一道悠远风景了。

谷雨三朝看牡丹

唐代诗人刘禹锡有诗赞牡丹花:"庭前芍药妖无格,池上芙蕖净少情。唯有牡丹真国色,花开时节动京城。"将牡丹之美上升到国色天香的高度,规格不可谓不高。其实,此花开放时,不但"动京城",也"动全国",赏牡丹是各地都有的习俗。

据清代吴地文士顾禄《清嘉录》载,牡丹花,俗称"谷雨花",因其在谷雨时节开而得名。谚云:"谷雨三朝看牡丹。"无论豪家名族,法苑琳宫,神祠别观,会馆义局,植之无间。即便小小书斋,亦必栽种一二墩,以为玩赏。俗多尚玉楼春,价廉而又易于培植也。然五色佳本,亦不下十余种,艺花者,率皆洞庭山及光福乡人,花时,载至山塘花肆求售。郡城有花之处,士女游观,远近踵至,或有入夜穿幕悬灯,壶觞劝酬,迭为宾主者,号为花会。蔡云《吴歈》云:"神祠别馆筑商人,谷雨看花局一新。不信相逢无国色,锦棚只护玉楼春。"这里的"国色",当是从刘禹锡诗中来的。

牡丹花以其色泽艳丽、雍容华贵而被人喜爱,在我国有着悠久的种植历史和评赏文化。其中,河南洛阳和山东菏泽的牡丹最为有名。洛阳牡丹,当然是因了《牡丹传说》中:"逐出西京贬洛阳,心高丽质压群芳。铲根焦骨荒唐事,引惹诗人说武皇。"这里有武则天与牡丹花的传说故事,让洛阳的牡丹花在民间声誉最高。山东菏泽的牡丹,则是规模最为宏阔的。2000年,菏泽市被中国花卉协会命名为"中国牡丹之乡"。菏泽牡丹栽培历史悠久,起源于隋唐，兴盛于明清，有"曹州牡丹甲于海内"的记载。曹州属今天的菏泽。菏泽牡丹以花大、色艳、型美、香浓而全国有名，因叶繁茂多姿、花雍容华贵，被誉为观赏牡丹之上品。曹州牡丹园是目前世界上牡丹品种最多、面积最大的牡丹园。

那么苏州呢？比以上两地虽稍逊风骚，但也是我国著名的观赏牡丹之地。苏州灵岩山的牡丹园在城西南的灵岩山南麓，这里亭台楼阁、翠竹流水，曲径通幽的小道上摆放着一盆盆牡丹，花大色艳、芳香浓郁，雍容华贵的牡丹与灵岩山自然山水融为一体。灵岩牡丹园内种植着11000余株近200种牡丹，其中姚黄、葛巾、玉板白、花王、岛锦等均为名贵牡丹。牡丹的自然花期在3月下旬到6月初，灵岩牡丹园引进中科院植物研究所的先进技术，使牡丹反季节开花，在春节期间就可观赏4000余盆130多个品种的牡丹。但实话实说，美则美矣，只是有点"园林化"——盆栽不但规模有欠缺，在接地气方面也不可与自然花期时同日而语。

顾禄在书中引用范成大《吴郡志》云："牡丹出洛阳，顷时，朱勔家圃在阊门内，植牡丹数万本，以缯采为幕，弥覆其上。每花身饰金为牌，记其名。勔败，皆拔为薪。中兴以来，洛阳花种至吴中者，肉红则观音、崇宁、寿安、王希、叠罗等；淡红则风娇、一捻红；深红则朝霞、红呈、红云叶；及茜金球、紫中贵、牛家黄等不过十数种……"看得出来，顾禄本人也是一个牡丹的喜爱者。但看到他案文中记载范成大在《吴郡志》中写北宋的那个大投机商，那个以"花石纲"来贿赂宋徽宗的朱某，不觉想到唐代苏州诗人罗邺的一句名诗。而且，一会儿是"金为牌"，一会儿是"拔为薪"，可谓大起大落。薪就是柴火，拔了牡丹花枝晒干当柴火烧，比焚琴煮鹤更煞风景。这种境况的牡丹，与罗邺的咏牡丹诗中的牡丹互为印证。

我也是从业师李全修先生的《谈古代诗人外号》系列《罗邺：诗中虎》一文中，发现这个写牡丹的异类的。他开篇即以郭绍虞《宋诗话辑佚》中的句子，引出这尊"诗中虎"："咏牡丹诗甚多。罗邺云：'落尽春红始见花，幄笼轻日护香霞。买栽池馆恐无地，看到子孙能几家。'人皆谓之诗中虎。"又引明代夏树芳《词林海错》中评赏："唐罗邺与方干、贾岛齐名，赋《牡丹》诗云：'买栽池馆恐无地，看到子孙能几家。'时人称为诗中虎。"

罗邺（825—？），苏州吴县（今苏州市）人（亦有称余杭人），累举进士不第。他先后出塞赴职单于牙帐，入池州刺史幕，任江西观察使崔安潜督邮之职。曾漂泊潇、湘，远游蜀、秦，晚年归乡闲居而终。工诗，与罗隐、罗虬俱享诗名，时号"江东三罗"，而以罗邺为首。《全唐诗》存其诗一卷。

罗邺获得"诗中虎"的雅号,主要是因为写有《牡丹》一诗。全诗如下:

> 落尽春红始着花,花时比屋事豪奢。
> 买栽池馆恐无地,看到子孙能几家。
> 门倚长衢攒绣毂,幄笼轻日护香霞。
> 歌钟满座争观赏,肯信流年鬓有华。

在李全修先生看来,素有"花中之王"称号的牡丹,古来吟咏者甚多,诗人常因本身遭遇与志趣的不同而赋予牡丹不同的品格,对它或誉或毁。誉之者赞赏它的娇嫩香艳、高贵孤傲,认它为百花领袖;毁之者则认为牡丹徒有妖艳之态,而无益于国计民生,如宋代王溥《咏牡丹》云:"枣花似小能成实,桑叶虽粗解作丝。唯有牡丹如斗大,不成一事又空枝。"其实,并非牡丹本身真有什么可毁可誉之处,实由诗人心情、志趣之不同使然。大抵古代诗人自命清高者多,感觉赞赏牡丹会有热衷富贵之嫌,所以在诗词中牡丹不如梅、菊那样享有无可争议的崇高地位。

罗邺的这首诗与一般咏牡丹的诗又大不同,不是着眼于牡丹本身,而是从牡丹的主人——富贵人家着笔,显得别开生面。"买栽池馆恐无地,看到子孙能几家"是此诗的命意所在,是含义深刻、耐人寻味的警句。

罗邺生活的晚唐是一个各类社会矛盾都极其尖锐的时期,藩镇割据、宦官专权、朋党相争是这一时期的主要特征。在这激烈残酷的斗争中,士人常常是今日公卿、明日囚徒,昨日纡青拖紫,今日身首异处。这种险恶的政治斗争一定给罗邺留下了深刻的印象,所以他的作品中常常流露出世事无常、富贵难永的感慨。如《伤侯第》所写:"世间荣辱半相和,昨日权门今雀罗。万古明君方纳谏,九江迁客更应多。碧池草熟人偷钓,画戟春闲莺乱过。几许乐僮无主后,不离邻巷教笙歌。"

罗邺的《牡丹》一诗除反映晚唐政治的险恶之外,还多少含有一些对于富贵人家的冷嘲。罗邺以诗名于当世,科举却屡试不中,入仕的门径被断绝,所以写过许多发泄不第后苦恼和愤懑的作品。在晚唐,应举落第是很被轻视的,这个苏州诗人一定受过不少白眼,尝过人间冷暖滋味,所以才在《伤春》诗中发出愤世嫉俗的呼喊:"芳草和烟暖更青,闲门要路一时生。年年检点人间事,唯有春风不世情。"

这在后人尤其是苏州人看来很有意思。刘禹锡是在苏州做过刺史的,他诗中的牡丹得其盛赞。但到了晚唐，苏州本土诗人罗邺与刘禹锡大相径庭，他诗中的牡丹似乎在人世间起着警示作用。而在李全修老师的赏析中，罗邺"买栽池馆恐无地，看到子孙能几家"句，还多少带有对权门好景不长的幸灾乐祸。是否确实？见仁见智。

让人心生感慨的是，虎啸于林，百兽寒噤，虽同为吴门同乡，到了北宋，朱勔并没有听进去同乡人"诗中虎"的警策，而似乎是以身挑战，铤而走险，"应验"罗诗。朱勔这个北宋时的苏州人，为时称"六贼"之一，其父朱冲谄事蔡京、童贯，父子都任有官职。看准宋徽宗垂意于奇花异石，朱勔心领神会逢迎上意，搜求江浙太湖的珍奇花石进献，并且进献数量逐年增加。政和年间，他在苏州设应奉局，靡费官钱，百计求索，勒取花石后用船从淮河、汴河运入京城，号称"花石纲"。此役连年不绝，百姓备遭涂炭，中产之家全都破产，甚至卖子鬻女以供索取。后方腊起义时，即以诛杀朱勔为号召。朱勔在奉迎皇帝的同时，又千方百计巧取豪夺，广蓄私产，生活糜烂。钦宗即位，将他削官放归田里，后又流放到循州关押，复下令将他处死。他讨好皇帝，显赫一时，富甲一方，家中"植牡丹数万本"，但很快东窗事发，名贵的牡丹花被拔除了当柴火烧，并让子孙受连累，家毁人亡。

莫非花乃祸水乎？花见证祸起萧墙矣！

花落若笑靥，笑世上可笑之人？

花开如张开，劝代代赏花来者！

一盏明灯

一个孩子举着一盏灯，爸爸借着光亮为爷爷剪脚趾甲。那个擎灯的孩子是不是画家本人？或者就是你我。

以前的时候没有电灯，点的是煤油灯，加一个中间鼓鼓的用来防风的玻璃灯罩，就不只是防风，灯光也要亮很多。就此一盏灯，一下照亮了我们逝去的岁月中多少美好的东西。我是见识过煤油灯的，不过我与奶奶相依为命的岁月中，我们还点不起这种玻璃罩子灯，我们用的不过是一个铁皮做的灯挂、铁皮做的容器，上面有一个拎的襻儿，能挂在钉到土墙上的钉子上。如果要拎着出门，可得十分当心了，遇小风就会熄灯。所以必须要手指并拢，挡在灯火的前面，不让风侵袭，但稍不注意，即使灯火没有被风吹灭，不通人性的火苗也会顽皮地将

中国风俗图志·苏州卷

一盏煤油火　三代祖孙情

护着它的手舔一口，留下一个燎泡。

画家谢友苏的父母都是苏州城的名画家。而且，还不仅仅是名画家。这个世界上，大多数画家都是将画儿画在画稿上的，也有的画家将画儿画在生活中，画在生命中，连同自己的人生轨迹，一并成了自己毕生的作品。谢友苏的父亲谢孝思就是这样伟大的画家，他为保护文化古城苏州做出过杰出的贡献，所以，联合国教科文组织为表彰他的杰出贡献，将一颗小行星以谢孝思的名字命名。

所谓屋檐滴水，所谓薪火相传，大约也包含了这种剪刀与脚指甲的对话吧？家庭是社会的细胞，是孩子的第一所学校。那个孩子所擎的，是我们民族的一盏明灯。

苏州端午，情义并重

2009年，苏州是中国端午节的四处重要传承地之一，2009年苏州端午习俗作为中国端午节的重要组成部分，被列入世界非物质文化遗产。

农历五月初五端午节是中华民族重要的传统民间节日之一，端午节纪念的对象一般都是爱国大诗人屈原。但苏州的端午节却与其他地方不同，它所纪念的是春秋时期吴国名将伍子胥。纪念伍子胥的端午节，也是苏州一年一度最为盛大的民间节日之一，具有一整套与当地自然气候条件、日常生产生活习惯、经济文化特征相适应的民俗活动。虽然有些活动与其他地方的端午活动并无太大区别，但其细节体现着苏州特有的水乡风情，以及一地的文化品格。

苏州民间认为端午节起源于吴越之地，是为了纪念苏州建城鼻祖伍子胥而形成的节日。每逢端午，苏州阊门外的百花洲广场都会举办规模盛大的祭祀活动，祭拜对象就是伍子胥。游客可欣赏到江南民间艺人用草编成的龙舟，听到苏州阿婆用吴语叫"卖粽子"，看到阿婆在孩子额头上用雄黄酒点"王"字。除了粽子，苏州的众多餐厅在端午节都会供应"五黄"——黄酒、黄鱼、黄鳝、黄瓜、黄泥蛋（还有的说是咸鸭蛋黄），这也是苏州端午的独特风俗。至于包粽子、赛龙舟、挂菖蒲、戴香囊、挂钟馗像驱鬼等传统项目，各地都大同小异。

形式相同，主题不同，这就形成了一个巨大的错位和差异。这是历史原因造成的。

譬如如今各地在端午节前后都有的赛龙舟活动，据分析，苏州是端午节龙舟竞渡的发祥地。《事物原始》有载："竞渡之事，起于勾践，今龙船是也。"东汉赵晔的《吴越春秋》记

载,龙舟"起于勾践,盖悯子胥之忠作"。顾禄的《清嘉录》中也明确说到这一点,他引用《荆楚岁时记》中的"或曰:五日竞渡,相传吊三闾大夫而作",说的是纪念屈原;但他紧接着就引用了赵晔《吴越春秋》中的记载,认定还是纪念伍子胥的。他继而引用《曹娥碑》中的记载"五月五日迎伍君,逆涛而上,为水所淹""谓是东吴之俗。事在于胥,不关屈氏。然则荆楚自为灵均,吴越自为子胥耳",这让我想起许多的言论,认为吴人纪念伍子胥的风俗是今人编出来的,这种言论完全是为了标新立异,杜撰史实,典籍上对此并无记载。

苏州龙舟竞渡的最早起源当在"胥门塘河",也就是如今的胥江。清代诗人邵长蘅有诗云"五月胥江怒,水嬉欢竞渡",描绘的就是胥江里的赛龙舟。到了清朝,苏州端午龙舟竞渡的赛事更多,阊门、胥门外的河浜里都有赛场。

端午风俗中的龙舟竞赛,大江南北都有,只是稍加分析,可以发现北方更多的是用以祈雨,而南方则是模拟竞渡。地理的原因应该是决定因素,因为北方河流相对少,所以北方用来表演或仪式上用的,大都称旱船。就像马和羊北方众多一样,舟楫还是在南方的泽国世界里才可水上飞。

顾禄《清嘉录》记载:"龙船,阊、胥两门,南、北两濠及枫桥西路水浜皆有之。各占一色,四角枋柱,扬旌拽旗,中舱伏鼓吹手。两旁划桨十六,俗呼其人为'划手'。篙师执长钩立船头者,曰'挡头篙'。头亭之上,选端好小儿,装扮台阁故事,俗呼'龙头太子'。尾高丈许,牵彩绳,令小儿水嬉,有独占鳌头、童子拜观音、指日高升、杨妃春睡诸戏,谓之'绉梢'。舵为刀式,执之者谓之'挡舵'。画舫游客争买土罐掷诸河,视龙舟中人执戈竞斗,入水相夺以为娱乐,谓之'磬罐头'。多者受上赏,号为'做胜会'。胜会之时,先有葛袍、缨帽之人,鞠躬、声喏于前舱。手执五色小旗插画舫之楣,而后诸龙各认旗色,回朝盘旋,谓之'打招'。一招水如溅珠,金鼓之声与水声相激。出龙之前数日,祀神演试,曰'下水'。上岸送神,谓之'拔龙头'。当头之人,率皆里巷游手,隔岁先以带叶竹竿竖桥上为来年出龙认色,其名曰'钻五'。月朔互相往来,名曰'拜客'。余则日驻塘河。交午曼衍,粲如织锦,男女耆稚,倾城出游。高楼窦阁,罗绮如云,山塘七里,几无驻足之地。河中画楫,栉比如鱼鳞,亦无行舟之路。欢呼笑语之声,遐迩振动。土人供买耍货、食品,所在成市,凡十日而罢。俗呼'划龙船市'。入夜,燃灯万盏,烛星吐丹,波月摇白,尤为奇观,俗称'灯划龙船'。郡中踏布坊人操小舟,亦鸣金伐鼓,划桨如飞,俗呼'烟囱洞'。"

上述记载绘声绘色，非常生动。而且在山塘街旁的山塘河上举行龙舟赛，不但白天有，夜间也有这样的规模和格局，现在还真的难得见到了，即便今人的造船水平比前人不知要高明多少倍。

进入21世纪，古城苏州的端午龙舟竞渡依然延续，农历五月初五，古老胥门城墙下，在苏州人为纪念伍子胥而命名的胥江河上，还有城东的金鸡湖上，彩旗飘扬，锣鼓咚咚，龙舟选手齐心协力，奋勇争先，吸引众多苏州百姓为他们摇旗呐喊、加油鼓劲。是缅怀古人，也是锻炼和熏陶今日及未来者。

如果摒除历史的原因，作为江南水乡的苏州，百姓过节的内容也是颇有意思的。五月，自古被称为毒月、恶月，百事多有禁忌。道观、寺庙向施主赠送佩带符箓等物，以避毒邪。因为艾草、菖蒲以及雄黄都有驱虫杀毒作用，过端午节时，往往要洗艾水澡、悬艾、缠五色丝、饮雄黄酒等。

说到雄黄酒，与苏州的瓜葛就多了起来。民间传说白娘子在端午喝了雄黄酒后现出原形，吓煞许仙，这个故事出自《白娘子永镇雷峰塔》，最早是在明朝苏州人冯梦龙写的《警世通言》里出现的。据《吴郡岁华纪丽》载，今吴俗，端午日多研雄黄末屑、蒲根和酒以饮，谓之雄黄酒。又以余酒染小儿额、胸、手足心，云无蛇虺之患。复洒余沥于门窗封冻壁间，以祛辟毒虫。

古人饮雄黄酒并不可取，雄黄是一种矿物，有毒，连修行到家的白娘子都吃不得，凡人百姓更不能喝。苏州以前端午吃黄鱼的习俗却延续下来了。回苏州故乡安度晚年的南宋诗人范成大有《田园杂兴》诗：

海雨江风浪作堆，时新鱼菜逐春回。
荻芽抽笋河豚上，楝子花开石首来。

这里吟咏的"石首"，就是黄鱼。过这个节，似乎食物很重要，《吴郡岁华纪丽》中还写到苏州旧时有"鳝鱼市"：吴中重午日，居民必买此鱼，为祀先赏节之需。谚有云："楝子花开石首来，箧中絮被拥三台。"言典衣以钱买烹食也。每当月色朦胧，担夫争相到葑门外冰鲜鱼行贸贩，摩肩接踵，投钱如雨，牙人秤量，忙不暇给，谓之鳝鱼市。

这里的"鳝鱼"并非黄鱼，而是黄鳝。

另外，苏州的端午节还有悬挂香囊的习俗。香囊又叫香袋、香包、荷包，亦称佩帏、容臭。其制作和佩戴史至少可以上溯到战国时期，屈原《离骚》中有"扈江蓠与辟芷兮，纫秋兰以为佩"，说的就是这玩意儿。吴中风俗历来竞尚丽巧，旧时绣制香囊是一项极重要的女红，端午节前夕，闺阁女子媳妇妯娌们就要早做准备，在自己做的香囊上设计好新奇的纹饰，再巧加刺绣，成为亲友间馈赠的礼品。《吴郡岁华纪丽》记载："镂翠叶五色葵榴、钿漆折扇、真珠百索钗符、牙筒香囊、艾朵彩团巧粽之属。""兰闺彩伴，各赌针神，炫巽争奇，互相投赠，新制日增。"

西晋时期的文学家陆机在《要览》里，有关于端午日制药的神奇描述："万岁蟾蜍……以五月五日取阴干，以其足画地，即流水，带之于身，能辟兵。"这种说法在东晋著名炼丹家、医药学家葛洪的《抱朴子》里也有提及，虽然荒诞不经，但足以看出端午这一天的极不寻常。值得一提的是，陆机是苏州人，葛洪是离苏州很近的句容人，他们对自己家乡的吴地习俗，再熟悉不过了。

端午的确有做药浴之俗，在家里使用一些中草药熬水，让孩子和大人洗澡，以消灭身上的病菌。苏州是吴门医派的发源地，传统制药业发达。吴门医派在中国医学史上占有重要地位，与苏州温病学派的兴起密切相关。在温病学说形成之前，一般医家都遵从张仲景的《伤寒杂病论》六经传变的论证方法，进行辨证论治。吴中地区地处东南湿热之地，是瘟疫、温病的屡发地区，因为瘟疫、温病的病因、发病、传播过程和治疗原则不同于伤寒，故运用治伤寒的方法来治疗瘟疫、温病疗效不佳。吴有性、叶天士、薛生白、缪遵义等一批吴中名医在大量的临床实践基础上，创立了戾气学说与温病学说，叶天士的《温热论》揭示了不同于《伤寒杂病论》的"卫、气、营、血"辨证纲领。温病学派重视基础理论，善于吸取众长，敢于发明创新，处方用药注重实效，具有"轻、清、灵、巧"的特色。从此，温病学说从病因病机到辨证施治有了较完整的理论体系，对后世医学的发展具有巨大的影响。端午也堪称中国传统的医药节了。

过端午节时，苏州人家还会找来独头蒜（不分瓣的），外面结线网装好给小孩佩带，称为"独囊网蒜"。另外，给小孩子佩带的还有"裹绒铜钱"，即用五彩丝线缠绕在铜钱上，或者做成虎头的形状，让孩子佩带腰间用以辟邪镇恶。以前端午节，各家会在早晨就给孩子手腕、脚腕、脖子上拴五色线。系线时，禁忌儿童开口说话。据说，戴五色线可以避蛇蝎类毒虫伤害，以保平安。这种风俗其实是由汉代民间端午缠五彩丝辟鬼兵习俗沿袭而来，也是佩带香囊习俗的前身。

吴地端午节的习俗与伍子胥有着密不可分的关系。

伍子胥（前559—前484），名员，字子胥，本楚国椒邑（今湖北省监利县黄歇口镇，一说为今安徽省全椒县）人，春秋末期吴国大夫、军事家。伍子胥之父伍奢为楚平王儿子熊建太傅，因受费无极谗害，和其长子伍尚一同被楚平王杀害。伍子胥从楚国逃到吴国，成为吴王阖闾重臣，他辅佐吴王富国强兵，而且"象天法地，相土尝水"设计营造了一座苏州古城，至今苏州还有胥门、胥江。伍子胥向吴王举荐孙武，并与孙武一同带兵攻入楚都，伍子胥掘楚平王墓，鞭尸三百，以报父兄之仇。吴国倚重伍子胥等人之谋，西破强楚，北败鲁、齐，成为春秋五霸之一。

伍子胥足智多谋，功勋卓越，忠心耿耿，曾多次劝谏吴王夫差别被勾践蒙骗，夫差非但不听，还偏听谗言，令其自杀。伍子胥自杀前对门客说："请将我的眼睛挖出置于东门之上，我要看着吴国灭亡。"吴王闻言大怒，将伍子胥眼睛悬于城门，尸首装入牛皮袋投入河中，所谓"死无葬身之地"。据说这天正是农历五月初五。于是，民间盛传"子胥死，水仙生"。从此，"祭子胥，迎水仙"就成了吴地端午的重要内容。如今，伍氏后人都会在端午聚集苏州，祭祀仪式后，其后人和百姓争相往河中抛扔粽子，放生泥鳅和河蚌，场面蔚为壮观。

年年总闻粽子香，每逢品粽思故人。

每年一度的苏州端午民俗文化节都在离胥门一步之遥的盘门景区进行，至2018年，已经举办了十四届。这个盛大的民俗文化节每年都与央视合作，同步直播文化活动中的新亮点，传递和辐射苏州端午节的文化精神。伍子胥本是战国时代的楚国人，其在桑梓地的知名度远不及在客居地，其中原因很多，最重要的一点是他在客居的吴地多有建树。只要是有才能，愿为民多做事的人，吴人就毫不计较其是否土生土长，是否有亡命天涯的背景，吴人不看重这些，看重的是他这个当时的"新苏州人"的本事，和是否愿意将本事用在为百姓谋福祉上。这就是吴地重要的文化品格。

千百年前形成的这一观点和习俗，至今还在民风中传承并发扬光大。这是一种优良的传统，在当代尊重知识尊重人才，甚至异地招募人才"抢"人才的背景下，有很强的现实意义。一枚粽子如天平上的砝码，可以称量出历史的识人用人标准并光照当代，这样的民俗活动俗中有雅，微言大义，注定极有生命力。

中国风俗图志·苏州卷

读小人书

在每一届的苏州端午民俗文化节中都不乏新看点，如2018年的文化节中，设计推出了卡通伍子胥形象，不觉让人眼前一亮。用现代文化形式诠释传统文化内涵，伍子胥的形象已经深入孩子们的心中，生根发芽。可以说，崇尚亲民爱民有建树而英雄莫问出处的吴文化，后继有人。

端午文化节中伍子胥微笑的卡通形象能让人感受到，百姓爱走的路才会越走越宽阔，百姓尊崇的英雄才是真的英雄。一个节日的风俗里，有意无意中流露出理情义并重的吴文化密码。

晒书

在苏州的传统习俗中，少不了晒书这项活动，如潘奕俊的《六月六日晒书》中写道："三伏乘朝爽，闲庭散旧编。如游千载上，与结半生缘。读喜年非耋，题惊岁又迁。呼儿勤检点，家世只青毡。"钱思元的《吴门补乘》载："六月六日曝书画。"

关于晒书的佳话，刘义庆在《世说新语》卷二十五中记载："郝隆于七月七日，见邻人皆晒衣服，隆仰卧庭中，以腹曝日。人问其故，答曰：'晒我腹中书。'"这位郝隆仁兄也是够喜欢卖弄的，家家户户的女主人在忙着赶太阳晒箱底的衣物，文人们在晒书，他倒好，跑到太阳底下平躺着晒肚皮，人家问他干什么，他回答："晒我肚子里的书。"他之所以这样做，主要还是在夸耀自己的才学。在郝隆看来，自己满肚子都是书，晒晒肚皮也就是晒了书。

这当然是笑料了，但旧时的书放在潮湿的房子里，的确是容易发霉的，趁六月六的大好日头，晒书的传统也实在有其道理。晒书是苏州的风俗，这一风俗一直传到今天，还活在苏州普通百姓家。譬如，平江路每年都会举行晒书节，在全民阅读季中，营造书香氛围。平江路上的晒书连晒十年，终于成就了蔚为大观之势。从晒物到晒思想，从书籍展示到文化守护，从分散活动到全域旅游，时间的顺延带来空间的拓展，一群始终坚持着的爱书人，感染和带动了更多的爱书人，形成了良好的全民读书风尚。

他们这样做，既顺应天气，也不忘接地气。生活中的晒书，是江南天气的产物，自古就有在潮湿的春天晒书的传统习惯，尤其是古代的线装书，当时的防潮设施有限，只好借助大自然的日光来除湿防霉，这是顺应大自然的作为。而阅读成传统的古城，爱书的时尚一点就

燃,这样的活动开展起来响应者众,避免了盲目性,当然也就具有"可持续性",以晒书的身体动作,带动阅读交流的思想动作,再带来全域旅游的资源开发,自然水到渠成。

晒,在如今的网络时代中展示、寻觅知音的派生义日益广泛显现,大有取代本义的后来居上之势,不知不觉也配合了平江路上的文化活动。家有喜事,比如到哪里一游,写得一首自鸣得意的小诗,烧得一盘合口的小菜,当然也包括购得一本心仪的好书,都可以在自媒体上亮出来,晒一晒。"物以类聚,人以群分",共同的爱好让思想交流借用现代通信手段大行其道,这样一来,平江路上的书虫们也就知音众多,让人感觉到,似乎到平江路上溜达一番,也会沾染一身书香,旅游资源的无形资产由此增值。活动到了这个地步,自然就会形成品牌优势。

一缕阳光投映到书页,就像春蚕口中的那缕丝,用心倾吐,就能吐成漫漫"丝绸之路"。平江路上的晒书活动,很阳光,有书香,持续下去,终得美满回报。

早些年,苏州有很多的连环画书摊,苏州人称之为"小人书摊"。一个面容古板的老者,戴着老花镜,给坐在他书摊长条凳上的各色读者借书,像账房先生一样地做着记录。一个孩子拿着一本《霍元甲》的连环画书在同老者交谈,脸上满是马上就可以看到大侠拳打倭寇的憧憬,偏偏以一种貌似不动声色的表情来掩饰。一个近视眼眯缝着眼睛看得津津有味,两个入定般的读者在食指尖上蘸唾液翻书,都不知道指尖舌尖的交流中,味道到底出自何处。还有一个抱小孩的女孩,她没有钱借书,只能在人家背后看,全然忘记了时间空间……这陈旧的画面,犹如陈年老酒般散发着醇香,让人未饮佳酿先陶醉。我想画蛇添足地给这幅画加一个标题:画里画外看画人。这是从苏州九如巷那位著名的"民国最后的大家闺秀"那里"借来"的。画中人在画中看连环画,看画的人在画外看他们。是的,张充和的艺品人品为后人所敬仰,毋庸讳言的是,她的传奇在一般读者看来,还与卞之琳那首《断章》密切相关。

童年的记忆对于一个人来说,有着难以比拟的重要性。人说童年是金色的童年,非常有道理,童年的人生经验,不但左右着往后岁月的思维习惯和价值判断,还是反刍人生的不竭源泉。一个人的童年记忆如果是一片苍白的,那真的是太可怜了。但对往事的回忆,往往都要凭仗一个"撬动地球的支点",这个看小人书的书摊画,就能诱发人哗啦啦地翻起有关自己美妙记忆的一本本小人书。

学书法

一个慈眉善目的老者，在给一群少年示范书法，这是苏州小巷中常看到的画面。苏州是书香之邦，书当名词用，是读书的书；书当动词用，是书写的书。苏州人好读书，好写书，还好书写——写书法。苏州的大人孩子都以能写出一笔好书法为荣，于是，小孩子们跟老人学写字是水到渠成的事情，不用大人软硬兼施地强迫。

看这些孩子，有的灵性十足，有的呆笃笃，有的大智若愚，有的一脸苦相。女娃乖巧，观摩的同时一手帮老师在砚台上磨墨，毛笔的笔尖在纸上走，也在周围一帮孩子的脸上走，似乎笔尖成了指挥，成了牵动周围人表情的木偶绳子。

生在苏州的孩子是幸福的，身边有这样技艺高超的好老师；生在苏州的老师也是幸福的，身边有这么多孩子众星拱月地环绕他们。不信，到异地试试看？结果可能就会大相径庭！

读书消暑

顾禄《清嘉录》中写到苏州人的乘风凉：纳凉，谓之乘风凉。或泊之胥门万年桥洞，或舣棹虎阜十字洋边，或分集琳宫、梵宇、水窗、冰榭，随意流连。作牙牌、叶格、马吊诸戏，以为酒食东道，谓之"斗牌"。习清唱为避暑计者，白堤青舫，争相斗曲，夜以继日，谓之"曲格"。或招盲女、瞽男弹唱新声绮调，明目男子演说古今小说，谓之"说书"。置酒属客，递为消暑之宴。盖此时流金铄石，无可消遣，借乘凉为行乐也。

这一番描写，更多的还是指娱乐场所，那都是要花钱的。真正的普通百姓估计很少光顾，宁可关了房门，在家中读书消暑。正所谓"但求书中无穷乐，洗净耳边是非声"。

这是表现苏州人最有代表性的文化生活的一个画面，倚榻读书。苏州人的爱读书、会读书是有传统的，出过很多的大家。但人们往往只将目光锁定这些成名者，殊不知更多的还是没有名声的、潜伏在古城黑屋脊下自得其乐的普通读书人。读书最美的其实就是这个过程，读书的成果其实只是副产品。水到了，渠自然成。

当然，少年读书，是要有为中华崛起而开卷的雄心壮志的，但是，一天两天闻鸡起舞、指天发誓是可以的，时间长了，一定会心生怨嗟，那么，就要培养读书的兴趣。如果感觉书中的乐趣，比电子游戏还吸引人，读书就不是被人家逼或自己逼的事了，而是钻天觅缝、偷着躲着

中国风俗图志·苏州卷

扬眉挥洒千秋句　俯首甘为孺子牛

都要读的。如画中那位食指蘸着唾沫的翻书者。

想起一个读书的笑话：先生在书房中读书，娘子贤德，端一碟点心到书房，并在点心旁放置一碟白糖，让其边读书边蘸着白糖吃点心。一会儿娘子进书房拿空碟子，却见点心没有了，白糖未动，一砚台的浓墨却被蘸得干干净净。显然，是书中的滋味将砚台中的墨变甜变香了。估计画面中的人，也是个点心蘸墨浑然不觉的角色吧。

真正的爱书人，是不大感兴趣那些子虚乌有的八卦新闻的，门一关，一书在手，就将烦心的事儿关到门外去了。好书是他们抵御一切不开心的盾牌，包括酷暑。这幅画于戊子年小暑的画，也一定会让画家笔下凉风习习。

一个喜爱读书的人，即便不能读出很高的学问，做出惊人的文章，也一定是一个心地纯良的人，不会去挑弄是非。而且，他还必定是一个长寿者。如若不信，咱这里摆摆，分相对和绝对两方面。

绝对的，那就是书中的知识，能帮助读书人学会防病祛病养生调理，近年这方面的书很多，卖得也相当不错，说明人们都想活得健康和长寿。有道是"秀才习郎中，一看就会"，看什么？看书。书中有许多经验之谈，还有分析的道理，有心人看过比过，明白了其中道理，依样画葫芦地讲究吃喝劳作，改掉不好的饮食起居习惯，对健康长寿倒真是大有裨益的。生命在于运动，生命也在于静养，读书的过程，就是静养的过程，一张一弛，劳逸结合，对健康长寿也是好处多多。

相对的，那就更能拓展健康长寿的天空。人的生命长短，在于度过的岁月数量，也应该包括阅览和交往的质量，如：躺在床上只知吃喝拉撒一百年，这一个世纪于其又有什么意义？社会的更迭，世事的纷纭，一点儿都没有分享，一百年等于零。相反，一个人投身社会拼搏事业，为了大多数人的福祉奔波疾呼而劳累成疾，或者遭到反动势力的迫害死于非命，即便只是短短如流星划过天穹，但被人们久久仰视，虽死犹生！所以，有诗句说道：有的人活着，他已经死了；有的人死了，他还活着。在相对的生命里，死与活的确是超越眼前时间的。孔夫子离开身边的世界两千多年了，可我们还是觉得他的精神存在；雷锋是位普通人，生命也不长，但他比很多长髯飘飘仙风道骨者更长久地活在人们心中。我们现在是和平年代，远离战乱，没有多少战火中的英雄诞生，但我们要提高生活水准，提高生命质量，捍卫生命尊严，我们就有权利尽可能地延长我们的生命。翻读前人留下的文明精华，我们能听见雎鸠是

中国风俗图志·苏州卷

但求书中无穷乐　洗净耳边是非声

怎样关关地唱诵爱情，我们能从"生南国兮"的橘树中欣赏到少年屈原的才情，我们还能比照一生写下那么多不朽诗文、受了那么多苦却能以德报怨的苏东坡明月清风般的胸襟，从而让我们对自己的患得患失汗颜，学会对自己遇到的小小不公以一笑了之。从这一点讲，我们"巡天遥看一千河"般的今天，我们站到春秋风云端，傍唐随宋过明清，一路招摇过来，我们的生命真的是不短呢。笔者认为，读书相对于其他诸如电视之类，能读读想想，想想读读，能自己促成自己的开悟，明了世界多大，同时感恩自己能与这么多的圣哲交流。这就难怪孔夫子有句著名的欣慰之语："朝闻道，夕死可矣。"

苏州人的石头情结

一

宋代大文学家苏东坡有名诗《于潜僧绿筠轩》，说到居室的氛围营造，要有竹子。诗是这样写的：

> 可使食无肉，不可居无竹。
> 无肉令人瘦，无竹令人俗。
> 人瘦尚可肥，士俗不可医。
> 傍人笑此言，似高还似痴。
> 若对此君仍大嚼，世间那有扬州鹤？

这首歌行体的诗接近今人的自由诗，非常明白晓畅，强调的是空心有节的竹子对居室周围环境的美化功效。喜欢此诗的人很多，今人也频频引用。

这其实是室外环境的营造，如果是室内，尤其是书房，往往就要借助石头了。有道是"山无石不险，水无石不清，园无石不秀，室无石不雅"，石头对室内氛围的烘托非常有益。友苏先生的画中，说的就是苏州人的石头情结。

这是苏州人欣赏石头的画面，有题诗：赏石好其形，养鸟悦其声，芸芸世间事，点缀此人生。

细细看了画中的四位人物，从身形衣饰到发型神态，有味。但没有找到要想找的人。找

赏石好其形　养鸟悦其声　芸芸世间事　点缀此人生

谁？找一个块头不大但声音洪亮，头秃光亮却目光如炬的角色。没有。想想自己也会哑然失笑，笑自己糊涂，要找的人当然不会在画中。这个人，是苏州玩石头的佼佼者，他叫魏嘉瓒，家中石头藏品不少，还出版过记叙玩赏石头的专著《石韵》。他是诗人，还是园林艺术家，爱好把玩石头，将他两方面的才华和知识积累融会贯通了。他的藏品可能不是苏州人中最多的，但他能将家中红木座子上的一百来块石头每块都题诗一首，估计这种玩石方式与玩石的典雅度，苏州无人能出其右。

"赏石好其形"，这是人们赏石的传统思维方式，比如说太湖石的"瘦透漏皱"，就是紧扣"形"上。但魏先生不是这样的，除了喜好石头的形状，他更注重石头的纹理，石头的质地，石头的光泽，石头的灵气。他玩石头，不光是看，还要双手去摸，弯曲了中指去叩，就是人们说的"请吃毛栗子"方式，听石头溅起的回声。

作家贾平凹先生，也是玩石大家。他居然写了一本《小石头记》，显然有点倚着《石头记》书旁谦虚的味道。让人怀疑的是，这种谦虚其实无异于自夸，与那个跟在老虎后面的狐狸的谦虚差不多。他狡猾狡猾的，狡猾得可爱。

让人感动的还有大书法家米芾，他爱石成癖，被人誉为"米癫"。

二

说到苏州的石头，有一块石头可是在中国的文化史上熠熠生辉，那是一块廉石，是吴门人陆绩带来的。今人常说的"压舱石"，就来源于这块石头。

欲说陆绩的廉石，先得说说他的橘子。有个"怀橘遗亲"典故，在中国的孝文化中久久流芳。陈寿的《三国志》也记载有这个故事。东汉末年，苏州人陆绩才六岁，随时任庐江太守的父亲陆康到九江拜见当时的高官袁术。袁术招待上门的小客人，用的是橘子。这种人家的橘子当然是好橘子，小陆绩舍不得全部吃完，就将其中两枚塞进怀中，想带给家里的母亲。临别告辞，躬身施礼之际，橘子滚落地上，袁术笑问他："陆郎啊，你做客怎么吃了还要拿啊？"陆绩如实承认："好橘子，想带回家给妈妈品尝。"袁术听罢，当即赞赏了小陆绩的行为，并将此事在别的场合提及，让许多人都知道了这个六岁孩子得到好东西而思亲的做法。之后便成了佳话，传播千百年。到了元代，学人郭居敬将其编入《二十四孝》中。

从这个故事的流传过程看，不能不提及另一个人——袁术。在《三国演义》一书以及相关的影视剧和戏剧舞台中，袁术的形象并不太好，与曹操的白脸底色完全相同，基本上是作

为陪衬红脸正派人物的反派。但在陆绩怀橘的故事中，他是个温厚的长者，很有人情味。他不认为家中的小客人吃了还要拿有何不可，不认为其中有点貌似小贪婪。恰恰相反，他从孩子对母亲的感情上，从孩子清澈的目光中，大约是想到了自己的少年时代，想到了自己的母亲。于是，他嘉许这个吃了还要拿的少年，并将陆绩怀橘遗亲的故事传扬出去，温暖更多的人。这也说明，人心相通，人性相通。

一个少年怀中的橘子，给一个白面冷酷的角色涂上了些许暖意的腮红。

当然，更值得称道的，还是陆绩心中有人。他得到好东西，不是自私地独享，而是想着分享。他将外出做客时尝到的橘子带回家给母亲，他母亲品尝到的就不仅是一两枚橘子。他母亲一定能通过儿子的描述，知道自己儿子在人家做客时的经过，人没去，心也间接去了，并且领受到了对方对自己孩子的客气友好。这是一种非常有价值的分享，为日后投桃报李的感恩还情，埋下了良好的种子。他母亲从儿子带回的橘子中，当然能明白儿子的孝心，搂儿在怀，喃喃表扬，就充分利用好了这两枚橘子瞬间转化而成的教材。橘子自家果园可摘，街上摊点可买，滋味可都是有异于儿子做客时带回家的。这种带着小儿体温的橘子，昭示的是其孝心爱心。这是可贵的人之品行。适时加以肯定和点拨，告诉他，对自己母亲要这样，对他人也要这样，就能让儿子小小心灵更加根深蒂固地树立为众多人谋福祉的宏大志向。

三

陆绩的怀橘，与其日后的船载廉石还乡，有着非常严密的内在联系，几乎形同因果。

少时手捏两枚橘子便演绎出诸多滋味的陆绩，走上建功立业的人生大道后，非但没有被处处难免的绊脚石绊倒，反而更在一块大石头上不经意间撰写了让后人受益无穷的精美华章。

陆绩的这块石头，并非《石头记》中贾宝玉的佩玉那样得来诡异，而是在千里外的广西郁林郡做郡守期间，离任返回东吴故里，船轻不堪风浪，急中生智，随意从郁林河边抬了一块石头上船。如今，这块穿越一千八百度春秋的石头，就放置在苏州文庙中，供后人浏览评说。

陆绩在任时，是百姓心里口中的好官。据记载，他上任后非常注重民生，发动民众抵御天灾，修筑民用工程，在南江村领民众凿下的井，至今还能用，人称"陆公井"。此举在当时对改善当地百姓饮水和生活条件、减轻疫病传播，有积极示范作用。陆绩到任时已有两子，正想有一个女儿，天遂人意，他在郁林郡刚巧生了一个宝贝女儿，他便开心地给女儿取名郁生，作为纪念，对脚下土地的感恩之情不言而喻。离别之际，迫不得已从河畔带走的一块石头，反映的正是其两袖清风。

河畔石搬走了一块，留下的却是为官的标杆，以致后人久久缅怀思齐。五代时的南汉贵州判史刘博古，念及陆绩怀橘孝母之孝道，在陆公井边栽橘一株，故陆公井又被称为"橘井"。本土居民更为直接，将此井叫作"怀橘井"，并将此地地名亦定为"怀橘坊"。到了清光绪年间，时任当地知县的东莞人蒋航，还将这一带定名为"橘井名区"，并亲自题签立牌楼，此牌楼至今尚存。这都是这位带块巨石离任的官员留下的无形资产。

有意思的是，这怀橘的故事，距离郁林有着很远很远的时空，但从当地人的喜爱程度看，仿佛那个故事就发生在他们那里。那两枚橘子，就是他们郁林当地的橘子。那个怀橘赠母的孩子呢，自然就是他们左邻右舍中的一个普通孩子。

在苏州也是这样。陆绩的出生地和归葬地都是苏州，但这个怀橘的故事，并不是发生在苏州；但如今苏州人说起这个故事来，好像其中的小主人公就是哪条临河弄堂里的一个小孩。

四

说到船上的巨石，苏州人一定忘不了宋代吴郡人朱勔的"花石纲事件"。他就是靠搜集网罗太湖石，北上进汴京，投好宋徽宗的，虽然一时腾达云霄，最终还是惨淡收场。船上石头进石头出，这个不说话的角儿，给后人演了怎样一出戏？

苏州船上的巨石，就像一个寓言。

一枚有滋味的橘子，带来一块有分量的石头。

橘子和石头并不通灵，是万物之灵的人赋予了它们灵性。

陆绩与橘子和石头的两个故事，久久以来，均频频被提及；遗憾的是，在传扬这两个故事时，它们从来都是被彼此割离的。说孝道，会说到少年陆绩与橘子；说廉正，会说到成年陆绩与石头。仿佛二者虽不至于南辕北辙，但这两个故事总还是两条线上的动车，各奔各的目的地，互不相干。我们不妨将二者打通了，会发现，不仅是一加一大于二，甚至彼此是物理关系，也可能是化学关系。

一个心里有他人、吃一枚橘子会想到娘的孩子，做了官，他就不会将自己当成百姓的"父母官"，而是将百姓奉为父母。在任时，他想到的是为百姓父母做实事，做善事；离任之际，

金秋图

他想到的绝不是趁机捞一把,而是善始善终,完美谢幕。中外官场史上,也有很多任上政绩不俗,离任时却晚节不保,以致前功尽弃的人,让人叹惋。想一想,真的是"年岁虽少,可师长兮"。这些人真的该想一想少年陆绩,闻一闻那个远古少年手中的橘香。

陆绩的压船巨石,可以让为官者读懂很多。即便某些人带着贪念侥幸一时成了漏网之鱼,夜半做梦,难保不会梦到自己常常驾扁舟于波峰浪谷颠簸吧?梦中惊醒,枕席一片虚汗,值得吗?不义之财,不洁之财,不但不会给自己带来安心舒适的晚年,而且还大有养育不肖纨绔后辈之虞。钱财来路不干净,后人不劳而获,哪能不滋生无德无能却照旧享福的惯性思维?今人已有让人调侃的"坑爹"笑谈,"漏网之鱼"们一不留神,恐怕就会埋下了"坑儿"的种子吧!哪里比得上船头有块镇船石,上无愧日月,中不惧风浪,下有鱼儿仰视的快意人生?

一枚小小的橘子,在心中有他人的人手中,会渐渐变成一块增添人生分量的廉石。

橘子年年来到人间。我们在吃橘子时,想想这枚人间嘉果的千年岁月,想想与它同一方水土上的人和事,再剥开它苦涩的表皮,掰下一瓣瓣甜美,一瓣瓣思辨……

赏叶何必去天平

顾禄在写秋天吴人赏景时,原本有一篇《天平山看枫叶》。他说:"郡西天平山为诸山枫林最胜处。冒霜叶赤,颜色鲜明,夕阳在山,纵目一望,仿佛珊瑚灼海。在三太师坟者,俗呼为'九支红'。游者每雇山篼,以替足力。"蔡云的《吴歈》咏叹:"赏菊山塘尚胜游,一年游兴尽于秋。天平十月看枫约,只合诗人坐竹兜。"顾禄写的游客所雇"山篼",与蔡云诗中的"竹兜"应该是一个东西,即抬椅,鄂西恩施人和四川人都称为滑竿,至今在山区仍然可见。但苏州天平山如今没有了。大约是此处山不及西部的山高吧。

到天平山看红叶,至今也是苏州人所向往的,不但枫叶红得动人,举家前往时,还能爬天平山,看范仲淹祠堂,在天平山上登高远望,时空不负,是个好去处,节令至则趋之若鹜。

除了看枫叶,如今吴门又时兴看银杏叶。东山、道前街,还有苏州高新区的树山等地,新增添了不少观赏银杏的地方。

在人们的印象中,"霜叶红于二月花"的艳丽,指的是红枫,红枫的叶子在霜打之后分外红艳。北京香山的红叶、南京栖霞岭的红叶、苏州天平山的红叶,是中国著名的三大观赏红枫之处，是摄影家趋之若鹜的好地方，也是画家画枫的好选择。但相对于红，纯纯粹粹的金黄，比枫红更能代表秋天的色泽美。首先是丰收的田野，秋风拂过，弯成金钩的水稻稻浪滚滚，气势恢宏，那是对辛勤农人的最佳报偿。在城市，就是银杏树的叶子，这让真正黄金相形见绌的黄色，美得亲切，美得干净，美得雅致。在这样的背景中，一个老阿婆与一个小孙女样的小姑娘对打羽毛球，一旁"观战"的是孩子的妈妈和奶奶，这样的画面比张艺谋的电影里银杏叶飘舞中的刀光剑影更好看。老阿婆的脚，似乎还是半解放脚，球拍捕捉到羽毛球而击打出去，她下意识地噘起了嘴，身体前倾，半哈着腰。相形之下，小姑娘则显得那般的柔软灵巧，身形后仰踮着脚尖。

这一老一小，一俯一仰，就形成了生命的交接和对话。昨天还是小姑娘，今天已成老妪身。

深刻的诗句，就是杜甫的"无边落木萧萧下，不尽长江滚滚来"。旧的，终归要离去；新的，一定会到来。

银杏树之于我，就如同朋友和家人一般，每天上下班的路上，我抬头或不抬头都会看到。它站在一日的晨昏之中，它站在一年的四季之中。这一树种，在我国到处都能看到，但我还是觉得，太湖之滨最适宜种植这一树种，这里才是银杏树的"快乐老家"。冬天的银杏树树叶脱光，钢笔画一般，少韵致，存风骨。春天一来，枝丫嫩苞蕴含万语千言，不声不响，就绽放满树的嫩绿。随后，满街满路的清香。我知道，虽然我们看不见银杏开花，但其实它是开花的。银杏的花是一种真正的不事张扬，比一现的昙花还要货真价实。不久，雌树上就结满了细如豌豆的小银杏果。这时的银杏树，是最妖娆的。银杏慷慨洒下阴凉。在同一时间里洒下阴凉的，当然还有法桐和香樟，也是受到人们感激的。相对而言，法桐洒下了树荫的同时，还有意无意地张扬起漫天的绒毛，像毛毛虫，"撩妹"一样落在行人的脖子里、眼睛里，给人带来烦恼。而且，它还早早地开始落叶，叶落得又极不爽快，拖拖拉拉，一直到深冬，还有诸多的枯叶赖皮一样恋着枝丫不放，这拖长的战线就给路上的清洁工增添了很大的麻烦。香樟树呢，当然是好树种，如银杏一样少病虫害，但它是阴性树种，四季有叶子，换叶换得不露声色。但带来的弊端是，冬天树下的人们需要阳光的时候，它就帮倒忙了，不及银杏善解人意。银杏给人的感觉是完全造福于人类，不给人间留下一点点刁难。

我说银杏如我的家人，其实香樟树和法桐，我也同样视同家人。但如同一娘生九子，九子九样形，这些家人的秉性差异也是客观存在的。而且，我说的家人，还有同样每天上下班

时遇到的路上的清洁工。他们对路边树种的评判，大约与我相近吧。最让他们烦恼的大约就是法桐树，叶落归根，这些叶子却落得很不爽快，都完全枯萎了还要在树枝上挂几个月，羊拉屎一样今天落几片，明天落几片。

银杏树绝不这样。银杏果成熟的时节，路边的银杏会自动掉下果子，给路上的清洁工带来一点意外的收获。而且，满树的秋黄吸引无数欣赏的目光和镜头后，它们会脱落，一周左右全部脱光，给人满地黄金的惊叹。这之后，它们就没有一片叶子还死皮赖脸挂在树枝上，光秃秃的树枝两袖清风，光明磊落。对于天，它将大地和盘托出，交给你，你用你的阳光雨露浸润吧；对于地，它将长天完全让出，你尽情享受你的阳光和蓝天白云吧。这是银杏树的风格。

吴门人喜欢去天平山赏秋后的枫叶，在这传承千百年的风俗中，是否也有人看自然风光之余，也领会大自然神谕在其中呢？

腊八粥

农历十二月也称之腊月，故有十二月初八为腊八，这一天，以青菜、萝卜、花生仁、胡桃仁等掺入米中煮粥吃，故名"腊八粥"，又称"佛粥""七宝粥"，人们相信食此粥能消灾降福，都煮而食之。这个粥几乎全国各地都吃，来历大同小异，不值得多说。

值得一说的，是这碗粥传到今天，非但没变浅变稀变冷，反而更加的满、稠、热！

随着节令的到来，苏州许多社区腊八粥香飘，透出的有吃粥人的喜悦，还有烧粥人的快乐。在这里，腊八粥具有更多的象征意味，除了是食品，它还是情感的纽带，承载着感情，同时也激发和释放着感情。

当然，腊八粥首先还是百姓日常享用的传统美食。在寒冷的季节里，吃一碗热乎乎的营养粥，生理和心理一同舒适。吃腊八粥是中国民间的传统习俗，吃粥的这天也叫腊八节。各地风俗和纪念对象不一，总的来说，这碗粥具有温暖、圆满、和谐、吉祥、健康、节俭、合作、感恩、愉悦、结缘等含义。民以食为天，"仓廪实而知礼节，衣食足而知荣辱"，人们只有手中有粮才会心里不慌，才可能撸起袖子干事业。

"笑比哭好"

　　一地有一地不一样的山川河流，一地有一地不一样的民风民俗，这些民风民俗都是世世代代的先民经历后再传承下来的，由于受知识和物质条件的制约，各地的风俗习惯中都有许多的怪诞处甚至愚昧处，我们做后人的也只能无奈地一笑了之，并报以深深的理解和感叹。

　　这一笑，内涵丰富。

　　在生活中，我们见识过多种多样的笑：有真笑，有假笑，有苦笑，有奸笑，有情不由衷的笑，有皮笑肉不笑的笑，有面上咧嘴心在流泪的笑……那是世界的纷繁复杂，命运的迥然不同造成的，我们无从把握和奈何；正如我们自己无从把握自己的命运一样，许多只能听从命运来解释和界定。

　　唯有高超的艺术，能让人一时忘却宠辱，偶得"梦里不知身是客，一晌贪欢"。这是伟大艺术家的友善，让人们站在同一起跑线上，平等了片刻。艺术催生的这种欢笑，是苦难中的良药，是生活的调剂品，所谓"笑一笑十年少，愁一愁白了头"，笑的艺术总是有益于生活，有益于健康的。

　　苏州评弹艺术就是如此。为什么苏州能诞生这样的艺术？当然是一代代的名家一浪高一浪的激励，让文化在高原上峰峦迭起。除了这不用说的原因，还有哪些原因？其实也是大可深究的。

　　苏州人有评弹可听，苏州人爱听评弹，这几乎就是苏州一道自然加人文的风景线。评弹艺人指点江山风月，漫评世态炎凉，有时就一下子点中了人的"笑穴"，令人忍俊不禁，乐而开怀，既"偷得浮生半日闲"，也找回了自己。

　　这幅画里的人们面对的就是苏州评弹艺术。乐哈哈的笑声满纸上滚动，这是要深厚功力的。记得曹雪芹在刘姥姥进大观园时展示过此等笔端魅力——众人先是发怔，后来一听，上上下下都哈哈大笑起来。史湘云撑不住，一口饭都喷了出来；林黛玉笑岔了气，伏着桌子叫"嗳哟"；宝玉早滚到贾母怀里，贾母笑得搂着宝玉叫"心肝"；王夫人笑得用手指着凤姐儿，只说不出话来；薛姨妈也撑不住，口里茶喷了探春一裙子；探春手里的饭碗都合在迎春身上；惜春离了座位，拉着她奶母叫揉一揉肠子。地下的无一个不弯腰屈背，也有躲出去蹲着笑去的，也有忍着笑上来替她姊妹换衣裳的……画家谢友苏深得其中三昧。

　　这应该是苏州人书场听书中的情态。评弹艺人的一缕噱头之春风，吹开满场笑面花朵；

谁使人间笑翻天

再一花引来百花开,估计读者看了这个画面,也会忍俊不禁,跟着绽开嘴角的笑靥。你看这张"百笑图",所有人都让面孔成了"裂开的石榴",又将各自的文化背景展现得淋漓尽致,前仰后合的男人有的眼镜滑落了也不管不顾,有的则笑中竖起食指优雅地一推鼻梁眼镜;有的笑中绅士气不改,嘴角还叼着香烟;有"吃豆腐"的业余爱好者,头颈一软,就往女人肩上靠;有的男人笑得心脏吃不消,忙去捂胸;有的男人笑中不改慈父之志,搂儿同笑。女人更是花枝乱颤,捂嘴者有之,揩泪者有之,挽身边男人胳膊演绎小鸟依人状者有之……同是露齿,也是露有露法,齿有齿相,小囡的豁牙在门牙,老者脱齿在口腔内的大牙!

凭此一画,优秀的评弹演员该挟戏上门道谢,他们的衣食父母,原来是生动如此,妩媚这般!

"百笑图"谐音"百孝图",百善孝为先,笑星也是善莫大焉的。艺术是做啥咯事体的?就是让人们开心的嘛,就是孝顺听众这群衣食父母的嘛,一笑泯恩仇,万事有奔头!

再回到标题的谜面,谁使人间乐翻天?明知故问,是审美的艺术——苏州评弹的高超噱头,还有这门艺术的知音画家。

苏州评弹是苏州文化枝头奇葩,也是苏州人为之骄傲的艺术。这种说白弹唱的表演形式,本人即便孤陋寡闻,也能略知几门,譬如北方的京韵大鼓就是非常了得的艺术。记得那电视剧《四世同堂》片头中的"重整河山待后生"一唱,一开始还只能领略其纯正的老北京风味儿,但看了几集戏后,随着情节的推进,越发倚重片头曲了,老迈的骆玉笙唱得让人听了荡气回肠。老艺术家虽已仙逝多年,但那字正腔圆的唱腔犹在耳畔回响,那一头白发如同雪峰一般让人憧憬和崇敬!

除此之外,还有扬州评话,还有我家乡的湖北评书、湖北大鼓。说实话,在表现内容上,在流派纷呈上,在对一方文化的汲取和滋养上,它们的确比苏州评弹"稍逊风骚"。

也许,这琵琶三弦叮叮当当的艺术与苏州琴弦一样的小河小巷有剪不断理还乱的瓜葛?

也许,这让人欲罢不能的艺术与苏州众多的茶馆相辅相成?采撷山野的,有它;泡进壶里的,也有它;吞咽过喉的,还有它。

苏州文化的精致,从弹拨得运河水起韵致的评弹中也能窥得。虽然,苏州评弹如同黄酒一样,主要飘香在长三角,那也足够可以了。后来居上的苏州文化,让人想起江南文明开端上的泰伯,他闪身一"让",让出了亲兄弟的天空,也重新获取了自己的天空。他们兄弟俩的奔吴,可不是带着兵器来征服的,而是用胸襟和智慧,组织起人民,"让"人民通过努力富足起来、幸福起来,从而终于得到了人们的拥护和爱戴。

伍子胥父兄被昏君杀害,如果他冲冠一怒,"宁为玉碎不为瓦全",他就只能是一撮玉屑,消失在故乡的泥泞中。一同损失的,还有几十年后的阖闾大城,也就是逾2500年而不倒的今苏州古城。那样,不但没有了后人传诵的"象天法地""相土尝水",苏州后人也不会在端午节划船抛粽纪念他,更无从入选联合国教科文组织的《世界文化遗产名录》……但他英雄所见略同地"让"了,"让"逞一时英雄的痛快蛰伏于咬碎的牙中,"让"十年报仇犹不晚的能屈能伸大丈夫气变成鼻翼的缕缕游丝,"让"头顶飘飞的烦恼丝在昭关一夜间成为后世文化史上最著名的白色经幡……

改革开放以来,泰伯的后人也不太爱权,不大主动争权,而更爱做实事,"让"大上海的"星期天工程师"来乡下发点财,从无到有地发展起来的红遍神州半壁江山的乡镇企业,并且是"外向型"的,产品以出口为主,销售海外市场。

小小乡镇企业为何能超越大国企?无非还是一个"让"字在给自己撑腰,证明自己的诚意,也帮助自己发展壮大了起来。

后来,"让"的襟怀面向海外,抛出橄榄枝,"让"海外的投资者来发财,不与他们"争"利,而是共同致富,世界500强如过江之鲫前来投资。

这种"让"的大智慧,与如今"一带一路"倡议也非常吻合。

这种大智慧,三千多年来,一直伴随着这方水土这方人,这真是值得开心而笑的啊!

从历史风俗的缝隙,能窥见这个"让"字,不失为收获。若还能再窥探出别的什么字来,就看各人的造化了,嘿嘿!哈哈!

明朝又是孤舟别　肴壶相伴到鸡鸣

第三章 四时节庆

各地的四时节庆，各有各的文化背景。二十四节气，那是固定的，随着地球的公转和自转、阳光的夹角不同而演绎"四季歌"。但各地在这二十四个节气中又衍生了各自的"节日"，一种充满仪式感和诸多约定俗成的敬畏、禁忌，将当下的人们与故往的先辈建立了某种"链接"，值得我们追抚。过节就是在平常的流水日子里，把赋予特别意义的这一天以隆重的仪式和平和的心态来纪念，使之如同山中之峰、水中之澜。

苏州的节庆，透着对幸福的追求、对先辈的感恩。

年节酒，杯中可见苏州人？

在苏州旧时风俗中，有一个"年节酒"的说法，即从农历正月初一起，至正月十五日上元节止，俗称"年节酒"。此间，家家设宴，亲朋好友间轮番邀饮，互为宾主，吴俗按不同性质称之春酒、年酒。因为这并不是为了品味佳肴，实属于礼数应酬，况且走东家吃西家，要去的人家很多，虽也有尽醉而归的，但一般只是稍稍吃几杯就告辞而去。范来宗《留客》诗云："登门即去偶登堂，或是知心或远方。柏酒初开排日饮，辛盘速出隔年藏。老饕餍饫情忘倦，大户流连态怕狂。沿习乡风最真率，五侯鲭逊一锅香。"这"一锅香"，想来就是冬日里最受欢迎的暖锅了。暖在锅里，也暖在心间。那么，"或是知心或远方"呢？当然是指身边的知心好友，还有远道而来的客人。

吃年节酒或是拜年，都得点茶饷客，蔡云《吴歈》云："大年朝过小年朝，春酒春盘互见

招。近日款宾仪数简,点茶无复枣花挑。"明代苏州新年风俗中,点茶有用诸色果及攒枣为花的,名为挑瓣茶。据说到清嘉庆时已久废,并将挑瓣茶改为橄榄茶,即茶盏里放两枚橄榄,故苏州有"年初一请吃橄榄茶"的俗语,也称为元宝茶,不但讨吉利的口彩,也让胃口油腻了的人们得到一点清香甘苦的滋润。

及至民国,风气未移,只是节食已不见五辛盘,却多了许多口彩好、苏州人又爱吃的"甜点"。农历正月初一清晨起床后,向长辈们拜完年,便要吃汤圆。汤圆由糯粉制成,小如桂圆核,煮以糖汤,苏人称之为"圆子",不仅在农历正月初一要吃,元宵夜也是要吃的,大约"圆"字口彩佳,一团和气,有团圆之意。但新年里,是不能吃粥的。按理,"粥"与富足的"足"也谐音,不知为何被舍去了,大家约定俗成。农历正月初五,称为财神生日,要吃糕汤,又称元宝汤,因年糕中有元宝形状者,切成一块块煮糕汤,讨个好口彩。此外,新年点心还有枣子糕、百果糕、玫瑰猪油糕等,大多为甜食。但也有两种咸的,一为火腿粽子,一为春卷。相比辛辣刺激的五辛盘,苏人更愿意吃香香糯糯的糕团点心。糕团点心之类,一般人家也不会自己动手做,而是就近到万福兴、桂香村去买点,十分方便。

这里,想着重说一说苏州人的饮酒。从谢友苏先生的画中看,似乎是有意将"或是知心或远方"引入画中。

但这酒,肯定不是公款宴请。公款宴请也绝对喝不出这般缠绵凄楚,喝不出这般牵肠挂肚,喝不出这般朋友兄弟情深意长。

舌头已然打结,然酒醉寸心依然明。提壶劝酒的叫满上满上,兄弟啊下次再把盏不知猴年马月;持杯躲闪的应不行了不行了,兄弟何其厚我,走遍天涯难忘今宵。对面者饮的是今天的酒,吟的是前人的离别诗,一旁不胜酒力者无声胜有声地醉趴下,偃旗息鼓,话语权就暂且让贤各位……

四条汉子饮酒,有风萧萧兮易水寒之侠义,有竹林深处七贤之古意,还有太白《将进酒》的白发三千丈之无奈。

脚旁的行囊油纸伞,一言不发,但威严不可抗拒。

酒馆小酌,背后是传承千年的酒文化。相形之下,享受飞机高铁侍候的人们虽摆脱了别离未卜之苦,但也被千年酒殿堂的凄苦味一脚踹出门外。

酒原本是好东西,五谷的精华、百姓的智慧才酿就这或辣或甜或苦涩的液体。关云长温酒斩华雄,曹孟德煮酒论英雄,欧阳子酒谱琅琊韵,武教头仗酒捶大虫……一部历史长卷,一条古国画廊,字里行间从来都是墨香掺有酒香!即便平民百姓、亲朋好友间送别相迎,也都是要用三杯两盏淡酒来营造气氛的,正所谓"无酒不成席"。

我早先在苏州胥门外的枣市街住,那是比较破败的一条老街,邻居一对老夫妇是给人送煤球的,每天趁早晚路上不太拥挤时,用黄鱼车给人送煤球,但到了中午,老爷子必定要在半导体里叮叮当当的广播书场中听评弹,吱吱有声地咪着黄酒,边咪边随着评弹中的音律摇头晃脑,直摇晃到一瓶酒和一碟豆腐干、一碟花生米、一只糟鹅头均瓶干碟光。他喝的酒是黄酒,或曰花雕,或曰加饭,都是这种酒。我刚开始喝不习惯,感觉它是苦涩的,苏州朋友就教我放几颗话梅泡在酒中,能减轻苦涩味。这种酒的正宗产地是浙江绍兴,所以也叫绍酒,喝的次数一多,也就接受了这种苦涩味,并且联想到啤酒的苦、咖啡的苦、茶叶的苦。苦中有味!苏州本地产酒,原本是一种叫醇香酒的甜酒,甚至是那种很甜的冬酿酒,主要成分就是糖和桂花,它是冬至夜一定要喝的,但并非酒舞台上的"领衔主演",不过"短时龙套",市场份额不可与黄酒同日而语。一次喝黄酒,与朋友聊起苏州地产酒,感觉不如绍兴,甜腻敌不过苦涩,莫非这苦涩中有越王勾践的卧薪尝胆在起作用?说得大家面面相觑,似乎是无意中道出了点什么。未及深入,便转了话题。

现今,苏州也产黄酒,而且规模很大,占黄酒总市场的前三名,名字叫"沙洲优黄",这是改良版的黄酒,苏州特色的黄酒,糯米酒中加进适量的糖,是苦涩中带点甜味的,非常对苏州人口味。

苏州的酒不是烈性酒,随和而有后劲,就像苏州人对酌时,你绝对看不到他们高腔大嗓地划拳拼酒一样,苏州人讲究文雅。当然,你也可以说这是苏州人不露声色有心计,但是,大大咧咧的人也只是表象吧,他们难道就没有心计?

过年饮酒,全然亲友,没有功利心机,倒是庶几可以接近前人意境的。

元宵·灯市·猜谜·走三桥

元宵节是中国人热闹的传统节日,苏州人可是绝对不肯怠慢的。

吃汤圆、赏花灯、猜灯谜、走三桥,是苏州"正月十五闹元宵"原汁原味的几大板块,构

中国风俗图志·苏州卷

人约黄昏后　花开日出时

成苏州正月十五日的完整民俗。

苏州的汤圆也叫汤团，区分标准一般为团者个头稍大些，馅有豆沙馅、芝麻馅的甜味和鲜肉馅、荠菜馅的咸味之分，汤圆、汤团煮熟后带汤水食用，取全家人团团圆圆之义。汤圆、汤团是苏州传统特色美食，更是元宵节必食的传统美味。古往今来，一个圆子穿越岁月的时空而来，还会久久地传下去。吴地的汤圆、汤团家族中，有一种实心小圆子，大小如豌豆，非常有特色。将其煮熟了舀起，可放酒酿，也可放豆沙，还可放蜂蜜辅以桂花，小圆子有嚼劲，过瘾。

宋人周必大有《元宵浮圆子》诗："时节三吴重，圆均万里同。"这十个字真棒！比之再好的圆子都有味。元宵节的汤圆、汤团，就干脆叫成"元宵"，吃汤圆、汤团就是吃元宵。

正月十五元宵节，各地都办灯展。唐代诗人苏味道《正月十五日》诗云："火树银花合，星桥铁锁开。暗尘随马去，明月逐人来。"宋代词人辛弃疾的《青玉案·元夕》词云："东风夜放花千树。更吹落、星如雨。宝马雕车香满路。凤箫声动，玉壶光转，一夜鱼龙舞。"他们描写的都是遥远的唐宋时代京都元宵节的盛况。

苏州自古元宵节热闹，彩灯壮观，万民观赏，谓之"观灯"。灯是元宵节的灵魂，人们因灯而心中亮堂，赏心悦目，获得审美享受。范成大《吴郡志》卷一"风俗"目中记载："上元影灯巧丽，他郡莫及。"袁学澜《吴郡岁华纪丽》卷一载："吴台灯市繁盛，腊后春前，吴城坊巷各剪纸为诸色花灯，新制叠出。"范成大的《灯市行》，用优美的语言，为我们真实再现了宋代元宵节苏州灯市的景况：

吴台今古繁华地，偏爱元宵影灯戏。
春前腊后天好晴，已向街头作灯市。
叠玉千丝似鬼工，剪罗万眼人力穷。
两品争新最先出，不待三五迎东风。
儿郎种麦荷锄倦，偷闲也向城中看。
酒垆博簺杂歌呼，夜夜常如正月半。
灾伤不及什之三，岁寒民气如春酣。
侬家亦幸荒田少，始觉城中灯市好。

顾禄《清嘉录》中记述："腊后春前，吴趋坊、申衙里、皋桥、中市一带，货郎出售各色花灯，精奇百出。"

到今天，苏州城元宵节的活动还真是丰富多彩，有好几个热闹的地方，值得逛一逛。

一是斜塘老街。地址在工业园区斜塘老街，此处除了灯会布置，还有传统节日、苏式灯彩与休闲文化相结合。二是苏州文庙。这里是苏州著名的碑刻博物馆，又是孔庙，还曾是范仲淹的私家宗祠。这里有舞狮、做灯笼、猜灯谜。北宋时，这里原本是范仲淹的私家办学地，有风水先生指出，在这里办学，范家一定会出文曲星，荣华富贵不断。范仲淹听了这话，干脆将这个地方捐出来办公学，也就是后来的府学。他的意思很明白，让他私家出人才，不如让一地出更多的人才。在这样的地方享受新年的休闲娱乐，很有意义。三是七里山塘，当然是山塘街上。在这里"走三桥"的习俗由来已久。

这里的"走三桥"并非元宵节的专属，平时市民家中每逢婚嫁、生日庆贺、婴儿满月等喜庆吉利的事，如果愿意，也都会来此走三桥。走三桥习俗中的"三桥"，山塘街和同里古镇都有，后者是指鼎足而立、相距不足五十米的三座古石桥：太平桥、吉利桥和长庆桥。同里走三桥习俗约滥觞于清乾隆中期，形成的精确年份已难以查考。它起源于婚嫁习俗。伴随着欢快的鼓乐声、鞭炮声和四处抛洒的喜糖，眉开眼笑的看客、喜气洋洋的亲戚朋友，前呼后拥、浩浩荡荡地绕行"三桥"，口中常常念诵着"太平吉利长庆"的祝词，沿街居民纷纷出户观望，上前道喜祝贺，接受喜糖。2011年，同里走三桥习俗被列入第四批区级非物质文化遗产名录。

关于走三桥，清代顾禄在《清嘉录》中有记载："元夕，妇女相率宵行，以却疾病，必历三桥而止，谓之走三桥。"他还引用了明代陆伸的《走三桥词》："细娘盼咐后庭鸡，不到天鸣莫乱啼。走遍三桥灯已落，却嫌罗袜污春泥。"开开心心疯过了，这回得好卖乖，嫌春泥爬上了袜子。

元宵节是新年的大节。苏州的元宵节，倾城而动的是看灯展。在中国的灯展中，苏式灯展名声不小，苏式花灯与四川自贡等地的花灯，是最有名的几大花灯之一。苏式花灯善于用丝绸等原料，做成鲜艳的荷花，十分好看。再就是善于利用船，花花绿绿的彩灯船游弋在河面，河水倒影花灯船，虚虚实实，意境奇佳。

我是见识过苏州灯展的，领略过艺人们借助民间传说中的浪漫故事，用聪明才智，在河上的船中搭建非常精巧的灯展。彩灯船在河中慢悠悠荡过，两岸观赏者络绎不绝，人看灯，灯看人，共同组成火树银花不夜天的节日画面。

看灯展必定是在夜间，白天看显得索然无味。也就是说，看灯展属于夜生活。夜生活，又必定与浪漫的爱情有瓜葛。浪漫爱情不是元宵节的全部，但的确是一个很重要的组成部分。

两个年轻人，依傍着开花的树，男轻言细语，女羞羞答答，"人约黄昏后，花开日出时"，当然是谈情说爱的画境。约会的最佳时间段自然是黄昏时分，月上柳梢头，人约黄昏后，对于这一点，古人今人英雄所见略同。

岁岁元夕，今又元夕，元夕携带甜糯的甜品走了，带着浪漫传说走了，留下的是实实在在的日子。

"二月二，龙抬头"

农历二月初二俗称"青龙节"，各地民间俗语都有"二月二，龙抬头"的说法。其中含义，一是说，此时百虫复苏，适宜耕作；二是说，龙施雨水，祈求年丰。按照传统习俗，人们在这一天要"炒料豆""撒青灰""围仓"。但城市里相对比较简单，在苏州城里，有一样却也是再简单也不省略的，那就是在这一天里，大人总要盯着孩子去剃头。这新剃的头就叫龙头。当然，这只是父母望子成龙望女成凤的一种美好的心愿而已。

苏州街头巷尾都可见到这种小小剃头店，小归小，却也洋溢着三分闲适四分雅意五分人情六分自得……

剃头店里有普通的水缸、木桶、竹壳暖水瓶，但普通中寓奇崛。关于理发，有对联自我赞誉：虽为毫末技艺，却是顶上功夫。画家题签的标题是：头等事业，顶上生涯。目光顺着往上，果然，一盆生机盎然的吊兰，已然让小店生动起来；更有店主小儿牵拉着的自制拉风布，一拉一扯之际，让顾客恍若置身东坡《赤壁赋》"清风徐来，水波不兴"的意境中。

小小一店，也可算是上阵父子兵了。

剃头理发，说来虽是"头等""顶上"，其实也是带泪的微笑，谁能靠这个发大财？那些理发工具都没有的只闪着暧昧红光的发廊不说了，那些动辄消费成百上千的贵族店，也不是平凡百姓可以问津的，只有这种小店才关联着众生，如同一日不可或缺的柴米油盐。小小剃刀，其实也是个民生工程。去理发店的人都有经验，理毕付费，如果贵得超过心理预期，感觉

头等事业　顶上生涯

就不是理发不是"剪发",而是"被斩"!

只有活好价廉,顾客走出小店时,摸摸头顶才会有心理和生理同扯风布般那种晃悠悠的惬意感,刀剪过处清风悠悠。

忽然想起从一篇文章中看来的鲁迅先生理发的故事,非常好玩。话说鲁迅20世纪20年代在厦门大学担任教授时,曾到附近的理发店去理发,理发师不认识他,见他虽然也身着长衫,但简朴落拓,不修边幅,将其列入普通打工者中的穷鬼行列,理发时一点也不上心,三把两把几推子几剪刀便打发其走人。鲁迅也不生气,付费时随意地从口袋里掏出一大把钱递给了理发师。理发师一数,大为吃惊,因为这个钱可是应付款的数倍,当然是大喜过望,满脸堆笑,点头鞠躬,欢迎下次再来之类同其客套。过了一些日子,鲁迅真的又到了这家理发店,理发师当然是满脸堆笑,这回可是拿出了浑身解数,使出看家本领,摆开架势全神贯注地理了起来。事毕交费,鲁迅却没有了上次的豪爽慷慨,而是从口袋里摸出钱来,一个铜板一个铜板地交付,几乎像他笔下的那个孔乙己在曲尺型的柜台上排出几文钱,付给了理发师,一个铜板也没有多。理发师大惑不解,居然也好意思问:"哎呀先生,记得上次您那样付钱,可是大手大脚啊;今天,却一反往常了,不知为何?"鲁迅似乎也正等着他的发问,笑而答道:"对啊,上次你是马马虎虎地理发,我呢就马马虎虎地付钱;这次你可是认认真真地理发,那我也应该认认真真地付钱了!"

立夏见三鲜

每年临近立夏时节,被苏州人称为立夏"三鲜"的蚕豆、苋菜、蒜苗,就成了市民餐桌上的时令菜,家家少不得。

关于这个"三鲜"的品种,并不统一。苏州民俗专家沈建东说,旧时因有迎夏的许多民俗活动,民间称之"立夏节"。老苏州中,立夏时家中设樱桃、青梅、元麦来供神敬先,俗称立夏尝"三鲜"。原太湖东山的渡村一带,立夏还有送孝亲衫的习俗,至亲好友立夏送未满周岁的小儿一套衣服,称孝亲衫,受者之家则要回敬亲朋吃饭,称"孝亲衫饭"。立夏习俗还有称人和饯春筵。所谓"立夏称人",即在立夏这一天用秤称一下人的重量,到立秋时再称一下,两者相比,就知道这个夏天过得如何,是不是"苦夏"。如果是"苦夏",到了秋天要进补。饯

中国风俗图志·苏州卷

初见成效

春筵自然要吃老酒,海蛳、馒头、面筋、芥菜、白笋、咸鸭蛋、蚕豆为佐。

清代苏州民俗专家袁景澜在《立夏日即景》中写道:

> 茅檐煮茧午风香,布谷声中菜荚黄。
> 婪尾一杯酬芍药,时鲜百艇贩鲥鳇。
> 鸣钲尚闹迎神会,食李争传疰夏方。
> 腌蛋海蛳供节物,欢呼人酢遍街坊。

具体写到了蚕豆,也写到了李子,还有腌蛋,当然就是今天的咸鸭蛋。在古时的吴地,立夏后要防"疰夏",习俗中有品李子酒和喝七家茶的记载。所谓"疰夏",就是"入夏后眠食不服"。闺中妇女多作李会,取李汁和酒饮之,谓之驻色酒,就有预防这种不适的效果。袁景澜在他的《吴郡岁华纪丽》中写道:"人家于立夏日,取隔岁撑门炭烹茶以饮,茗荈则乞诸邻舍左右,阅七家而止,谓之七家茶。或配以诸色细果,馈送亲戚、比邻,云饮此茶可厌疰夏之疾。又或煮麦豆和糖食之,或用蚕豆小麦煮饭,名夏至饭。是日天气虽寒,必试纱葛衣,并戒坐门槛,云俱令人夏中强健,可免疰夏。"不过这种习俗如今已不多见,成为先民生活的记忆。

吴人重食补养生。在夏季养生中,饮食原则为增酸减苦,补肾助肝。对于人体脏腑来说,立夏时肝气渐弱、心气渐强,此时保证胃肠功能正常,抵御暑热侵袭,是夏季养生的重要一环。立夏后,人们大量排汗会造成人体阳气不足,皮肤腠理易于开泄,而多食用酸性的食物及药品,可以使皮肤腠理适当收缩。乌梅、山楂、木瓜、五味子均具有收敛、固涩的特性,可以用来治疗泄泻、虚汗等病症。不少人家自己动手在家做山楂糕,美味又健康。同时,进稀食是夏季饮食养生的重要方法。早、晚食粥,午餐喝汤,这样既能生津止渴、清凉解热,又能补养身体,有利于调节身体的阴阳平衡。

在大自然的怀抱中,她的孩子们,似乎植物比动物(当然包括人)更听话,更能紧随母亲的脉搏律动和节拍,春日,地气上升,花草就会随着钻出冻土,骨碌着眼睛,打着哈欠伸着懒腰腾腾地开始了生长;到了夏天,就是树木青枝绿叶最为繁盛、姿态雍容的时节;一到秋冬,树叶脱落,又跟着消瘦下去。人可不完全是这样的,夏天,人的胃口差睡眠差,是四季中最为憔悴时,到了秋冬,反而普遍开始长膘。

苏州人比较少见胖人,大约就是与这里的饮食结构和注重养生之道有关系。

肥胖是当代人的天敌，减肥的生意特别好。关于减肥，古代最有名的典故可能就是那句"楚王好细腰，宫中多饿人"。可怜这些想讨好楚王的宫女们，许多就被活活饿死了。可惜！

当代人当然不会傻到要愉悦于人而将性命置之度外，但人们说起减肥的故事来总是津津乐道，做起来也乐此不疲。其实，减肥不单单是为了好看，从健康角度讲，肥胖更容易诱发高血压、高血脂，更容易诱发糖尿病和心脑血管疾病。不论是从审美角度还是从科学角度讲，最好能控制体重。控制体重最有效的方案是控制饮食，不暴饮暴食，不疯狂贪恋口舌之乐。有人说，减肥是一个女人一辈子的功课。其实，为什么一定要是女人呢？将这句话中的性别去除，也是不错的吧？

苏州大吨位的肥仔胖妹少见。不信，从苏州幽静小巷走过，一不留神就会发现一个八九十岁老太太，面容清癯，目光清亮，一头全白的头发还要去理发店烫起银色的波纹。说实话，这道道波纹总是能在我心底激起共振，泛起愉悦的涟漪。我有一个年逾九旬的忘年交好友，我喜欢读她的文，喜欢听她讲话，一次，她见我盯着她新烫的头发看，也明白我的意思，以手抚之，问：不好看吗？我说：好！非常好！您就是苏州！

立夏三朝开蚕党

苏州是著名的丝绸之乡，蚕农颇多。据《具区志》记载："湖中诸山以蚕桑为务。女未及笄，即习育蚕。三四月家家闭户，不相往来。"郭伽在《樗园消夏录》中也记述了这些习俗："三吴蚕月，风景殊佳，红帖粘门，家多禁忌。少妇治其事者，往往独宿。"

过去，民间称蚕农为"蚕党"。从桑叶柔嫩之时提灯采桑，直到蚕上茧山，要忙上一个月左右。到立夏过后，蚕农们便可摇了船，将蚕茧送到茧行卖钱了，故有"立夏三朝开蚕党"之谚。

《清嘉录》中专门有这个标题的一节，介绍吴门立夏三朝后的这个"开蚕党"。旧时太湖周围的农家，许多都以种桑养蚕为业，他们自立了许多的规矩和禁忌，每年的立夏一开始，他们就显得有些紧张神秘起来，三月四月是他们的蚕月，用红纸贴在门上，家家不再往来。这贴门的红纸又不同于红对联，不必在其上写字，红纸只是起着辟邪的作用。在这段时间内，从采桑叶喂养蚕宝宝，到蚕宝宝结下茧，再到煮茧抽丝完毕，才解除禁忌。这些养蚕人就被叫作"蚕党"。

这之中，又以"少妇治其事者，往往独宿"最为神秘。似乎这些少妇就是"蚕党"的首领或最核心的机要人员。为什么会这样？顾禄在书中没有说明，只是引用了许志进《蚕词》中的句子来间接表达不解或鸣不平："五夜留灯照独眠，蚕房斋禁太常偏。"为什么偏偏要少妇单独留夜而不让男子单独留夜？或者他们共同留夜伺候蚕宝宝就不行吗？我问过乡下一些从事民间文化工作的前辈，答曰：可能是女性心细，更适合这项工作。或者如同刺绣一样，长期以来形成的"习惯"就是女性做这项工作，没有男子介入其中。另外，大约也有一种敬畏在其中，要高度虔诚和圣洁，不可有男女欢爱间杂，才形成了这一特定的风俗。

轧神仙

苏州话中有一句"轧闹猛"的方言，意思是人多拥挤。"轧"，在苏州方言里为人多拥挤的意思，相当于挤。这个"轧"字，我们一般都读成"zha"音，但在苏州话里都读作"嘎"音，连"轧钢"一词，他们也都说成是"嘎钢"。但"轧闹猛"一语，倒是真的要读成"嘎"音，如果读成"zha"音，就不通了。

苏州人非常看重的一个民俗节日"轧神仙"，就是要大家去互相倾轧，去你挤我、我挤你。

顾禄的《清嘉录》中对轧神仙之俗有所记载："仙诞日，官为致祭于福济观。观中修崇醮会，香客骈集。相传仙人化为褴褛乞丐，混迹观中，而居人之有奇疾者，至日烧香，往往获瘳，谓仙人怜其诚而救度也，谓之轧神仙。观中旧有迎仙阁。是日众仙聚饮阁中，后建玉皇阁，吕仙恐朝参，遂不复至。"

蔡云《吴歈》云："洞庭飞尽到姑苏，笑逐游人倚酒垆。今日玉皇高阁下，犹闻醉后朗吟无？"

顾禄还提到《吴县志》记载："十四日，福济观谒吕纯阳。"《玉篇》："朳，轧也。"朳，音轧。吴人谓人众不得出而力附之，曰朳，亦作轧。

我特别引用这些，是因为自己总算是搞清楚了"轧"和"朳"的关系。"轧神仙"在顾禄的书中写的是"朳神仙"，而这个"朳"字初以为是"加"音，打字打不出，查字典，得知是

"丫"音，但他引用了《玉篇》的注释，也作轧。《玉篇》是南朝梁时吴地人顾野王所撰，是我国古代继许慎《说文解字》之后又一部重要字典，也是用楷书建字头以辨析形义的第一部字书。

福济观，位于苏州阊门内下塘街，俗称"神仙庙"，供奉八仙之一的吕纯阳（吕洞宾）。该观建于南宋淳熙年间，可惜现在已不复存在了。

据清代徐崧、张大纯所著的《百城烟水》中载："福济观俗称神仙庙，在皋桥东。宋为李王祠。朐山王省干大猷来吴，淳熙某年四月十四从岩中道院陆道坚设云水斋，感纯阳吕仙，授神方以疗风疾，至今赖之……元至大四年（1311）重建时，将祠改称福济观。明景泰年间再建时设吕仙祠。自此，每年四月十四吕纯阳诞辰前后三天，观内香火鼎盛，观中例必打醮，前来顶礼膜拜者络绎不绝。"

福济观旧时有住持、知客师等各类职务道士五十余人。这期间还有许多挂单借寓的客师。建筑范围南临下塘街，东到禾家弄，西至蒋家弄，北靠文山寺。观内建有山门、左右天将殿、正殿、玉皇殿、火神殿、雷祖殿、灵官殿、会仙堂、迎仙阁、斗姆阁、魁星阁，以及东西两园、后花园等殿阁建筑百余处。

"文革"期间破除四旧，寺、庙、祠、观、庵等建筑被混淆统称为宗教建筑，很多百姓就再也分不清观和庙的区别了，因观中供奉八仙之一的吕纯阳，吕纯阳又被中医奉为祖师，观中道士也假借吕纯阳名义为百姓祈福祛病，故常有贫困的百姓前去求治，这福济观在苏州百姓之中也就又多了吕祖庙、神仙庙的叫法。传说中的农历四月十四又是吕纯阳生日，好道者也会相约去福济观进香祈福，看到去福济观的人多了，小贩和江湖郎中们也想借机做些生意。因见观里供着神仙，就想靠着神仙也发点小财，于是，就将平日里普普通通的东西，说成了神仙糕、神仙水、神仙帽、神仙服、神仙鞋……

轧神仙庙会起源于南宋，历经元、明，到清代尤为兴盛。自宋朝以来，传说道教上八仙中的吕洞宾每年在农历四月十四生日那天，会乔装打扮成普通人，来人间为百姓治病消灾。吕洞宾在八仙中是核心人物，在江南民间几乎家喻户晓，传说颇多。相传吕仙发誓要救渡天下众生，方始升天。他不仅浪迹人间，乐为百姓治病解难、灭妖除害，而且为人随和、性格幽默，在世人心目中是见义勇为的神仙救世主形象。所以，在他生日前后三天，人们都到神仙庙去祭拜他，希望遇到他。因为去的人多，"轧来轧去"很热闹。后来，这个民间宗教活动逐渐演变成一个大庙会。

福济观本在小巷深处,这样一来,来的人多了,这里就变得拥挤热闹,摩肩接踵。苏州人天性温和,也不乏幽默,加上都是乡里乡亲的,即使被挤被踩了,也不过相对一笑,再说恰逢神仙生日,也就打趣说一声"就算被神仙轧到了哈",顺势讨个口彩。因为苏州方言里拥挤称为"轧",形容这种拥挤的现象,也就有了"轧神仙"的说法了。

近年来,地方为了营造商业氛围,提升文化氛围,重建了南浩街,并在南浩街北段、阊门吊桥西堍南侧护城河畔建了庙宇。建这座庙的初衷是吸引人气,加上"神仙庙"叫起来上口,于是就顺水推舟命名为神仙庙。汤药皆不换,只是换了个药罐。

这个"轧神仙"风俗,距今已有800多年历史。这里还有一个神乎其神的传说。话说东中市一带有个以卖豆腐为生的豆腐郎,生意还算过得去,能维持日常开销。后来不知何故,他身上长满了难以医治的脓疮,来买豆腐的人见状,都觉得恶心,渐渐地,他的生意就不大行了。就在这年的农历四月十四这一天,豆腐郎突然昏倒在摊前,这时,出现了一位衣衫褴褛的人,也不问何因,便在豆腐郎身上涂抹了一种药膏,又留下几帖药和两只合在一起的碗,方飘然而去。几天后,豆腐郎服完留下的药,病情完全好转,消息一传出,人们纷纷猜测这个人一定是吕洞宾,因为两只碗合在一起,正好是一个"吕"字,暗示他的姓氏。

21世纪以来,"轧神仙"活动年年开展,人气非常旺。南浩街也小摊林立,各色小吃、工艺品、花鸟虫鱼,应有尽有,成为苏州传统风味小吃、特色食品、民间工艺品、日用小商品以及花鸟鱼虫、古玩绣品等"苏"味极浓的市井文化集萃地。承载了历代苏州的民间传说和历史故事的"南浩十八景",也吸引了众多的中外游客,是苏州旅游的新热点。

这个寄托人们期盼交好运、迎健康的民俗活动,2014年11月经国务院批准,被列入第四批国家级非物质文化遗产代表性项目名录。

狗汏浴

吴中有谚语:"六月六,狗汏浴。"这一天,要给狗洗澡。从《清嘉录》中的记载来看,六月六牵猫狗到河边沐浴,是为了避生虱蚤,并且使得毛皮光滑。书中引用一首郭麐《浴猫犬词》:

中国风俗图志·苏州卷

惊梦

> 六月六，家家猫犬水中浴，不知此语从何来，展（辗）转流传竟成俗。流传不实为丹青，孰知物始睹厌形……司马高才号犬子，拓跋英雄称佛狸……

这首歌行体的诗，于调侃中说出了深刻的道理，让人不由要对这个六月六细细地打量翻查。

原来，这一天被称为"天贶节"，又叫姑姑节、回娘家节、虫王节，是中国古代汉族传统节日，同时也是一些少数民族重要的节日，有的地方也叫"六月六""重六"。天贶节是道家的称呼，起源较晚，大约源于宋真宗赵恒。六月六也是佛寺的一个节日，叫作翻经节。传说唐僧到西天取经回来，不慎将所有经书丢落到海中，捞起来晒干了，方才保存下来。因此寺院也在天贶节这一天翻检曝晒藏经。《清嘉录》记载吴地也有"翻经"的风俗："是日，诸丛林各以藏经曝烈日中，僧人集村妪为翻经会。谓翻经十次，他生可转男身。"

天贶节是一个小节日，节日活动较少，民间主要有藏井水、晒衣、晒经书、妇女回娘家、人畜洗浴、祈求晴天等习俗，有些习俗在民间至今尚存。

相传天贶节这一天为大禹和北极玄武真君的寿诞。晋代皇甫谧《帝王世纪》云："鲧纳有莘氏，臆胸拆而生禹于石纽。郡人以禹六月六日生，是日熏修裸飨，岁以为常。"六月六期间，正逢新麦入仓，家家都要用新面蒸包子及各种小动物形状的面食品，还要在山上清爽阴凉处聚会，来纪念治水有功的大禹。

明清以后，这一节日更具有了生活色彩，逐渐形成了晒衣、晒书、沐浴猫狗等习俗。相传这一日皇帝把龙袍摆出来晒，民间纷纷仿效之。明代刘侗、于奕正《帝系景物略·春场》载："六月六晒銮驾，民间亦晒其衣物。"据说，这一天太阳最烈，家家户户将箱底的衣服拿到太阳下曝晒，以防腐烂、虫蛀，所以亦称"晒衣节"。老戏班子特别重视此节，迄今有些地方的剧团还延续着在此日晒戏装之俗，称之为"晾箱"。

士人多在此日晒书。《六月·晒书》称："人家曝书箱图画于庭，云蠹鱼不生。"

清代以后，妇女们也在这一天洗头发，据说可保全年满头秀发不腻不垢。因为六月六是一年的中间，被称为"小中秋"，这一天要把早熟作物煮熟尝新，同时，也给家畜一碗尝新，所以，六月六也称"尝新节"，非常有人情味。

明代孙德符《万历野获编》中记载了一个好玩的故事。毛栗庵与杨南峰是好朋友，一天，毛栗庵去拜访杨南峰，杨家的看门人说杨南峰正在沐浴，今天一律不接待客人。毛栗庵很不

中国风俗图志·苏州卷

一朝忽相认 又回少年时

高兴，但也只能打道回府。过了一段时间，杨南峰去拜访毛栗庵，毛家看门人也说主人正在沐浴，今日不接待客人。杨南峰知道毛栗庵还在为上次的事生气，于是写了一首诗，叫看门人递进去，结果毛栗庵很快就出门迎客了。因为诗的内容是："君来拜我我沐浴，我来拜君君沐浴。君拜我时四月八，我拜君时六月六。"农历四月八日是佛的生日，叫作"浴佛节"，而六月六日是狗浴的日子，杨南峰把自己比喻为佛，而把毛栗庵讲成在六月六洗浴的狗。这当然是文人间的笑谈，不过六月六狗洗浴的传说，是早就有了。

跟过去人们给小孩起名时，名字"越贱越好养"一样，大人们喜欢在六月初六这一天给自家的孩子洗澡，希望自家孩子像小猫小狗一样好养活，无病无灾。乡村还有民谚，说孩子"七八岁，狗也嫌"，即这时的孩子都是顽皮的，连狗都嫌弃这时的孩子。孩子和狗混为一体，既讨嫌又可爱。

钱思元的《吴门补乘》云："六月六日浴猫狗，吴郡他邑咸有是说。"可见，这个风俗不仅仅只是吴地有，范围还很广。

前面有幅画的标题叫《惊梦》。故事发生的地点在水井边。一个人在井边竹榻上小憩，入梦；他的妻子在井边洗衣被，拧干上竹篙晾晒时，儿子帮忙举起竹篙的一端，一使劲，嘣，裤子垮了，屁股蛋露出来了。小儿一惊叫，将老爹从梦中惊醒了。

正是"人生虽短而回味无穷，孩提趣事尤其难忘"。

李商隐的名诗《锦瑟》千百年来受人喜爱，但又没有谁能把握十足地破译此诗，对照这个惊梦的画面，我们不妨再体会一下这首名诗："锦瑟无端五十弦，一弦一柱思华年。庄生晓梦迷蝴蝶，望帝春心托杜鹃。沧海月明珠有泪，蓝田日暖玉生烟。此情可待成追忆，只是当时已惘然。"

"狗屎香"与"讲张"

农历的七月二十九，估计外地没有人会将这一天当成什么特别的日子，在苏州则不然，如果外地游客在这一天游苏州，会在薄暮时分看见许多的苏州百姓在自家门口点起香，香火忽明忽暗，蓝烟袅绕飘忽。最近这些年，随着工艺的改革，一截带防风外罩的蜡烛被点亮后放在一炷香的旁边，烛光摇曳，顺着各家门口依次排列，倒是挺有情调。估计外地人看了一定

会觉得奇特。

而且,这个香还有一个奇特的名字:狗屎香!

为什么要取这么难听的名呢?来历大有深意。

这一天,是苏州民间的地藏王节,相传是地藏菩萨的生日,其时僧众、俗众都有相关的仪俗活动,也就形成了节日,被称为地藏王节。农历有闰月,会导致有时这一年没有七月三十这一天,那么,就有二十九当三十的说法。百姓在地藏王节这一天,在庭院四角和围墙下地面遍插棒香,烧香祈福,称作"烧地头香"。

烧地头香又怎么叫起狗屎香了呢?对苏州老百姓来说,这是为了纪念一个人,这个人就是元朝末年的苏州吴王张士诚。

张士诚(1321—1367),小名九四。元末江浙一带的义军领袖与地方割据势力之一。张系泰州兴化白驹场(今属江苏省盐城市大丰区)人,贩盐卖苦力出身。元至正十三年(1353),他与亲弟张士德、张士信率盐丁起兵,攻下泰州、兴化、高邮等地。次年,在高邮称诚王,国号周,年号天佑,又率军渡江攻取常熟、湖州、松江、常州等地。至正十六年(1356),定都平江(今江苏苏州)。次年,降元。后继续扩占土地,割据范围南到浙江绍兴,北到山东济宁,西到安徽北部,东到海。至正二十三年(1363),攻安丰,杀红巾军领袖刘福通,自称吴王。

为了发展教育、整饬民风,张士诚颁布了《州县兴学校令》,在统治区内继续推行经济和教育,在隆平府设立学士员,开办弘文馆,招纳"将吏子弟、民间俊秀",并在江浙地区先后两次举行乡试,遴选了一批优秀的读书人入仕,连施耐庵、罗贯中等元末名士都赫然在列,在张士诚帐下任职,为其出谋划策。

后张士诚屡为朱元璋所败,疆土日蹙。至正二十七年(1367)秋,平江破,张士诚被俘至金陵(今南京),自缢而亡。

张士诚最后告别苏州那一晚,他乘着夜色带一帮亲兵骑马突围,苏州百姓纷纷想办法给予帮助,在每家街沿和路旁插上棒香和蜡烛,这是想暗中为其指引一条逃生通道。张士诚死,七月三十日正是地藏王的生日,苏州百姓借着烧香给地藏王,好消灾纳福的名义,瞒过朱元璋而祭奠张士诚。张士诚起兵时曾自称是地藏王转世,这香便是苏州百姓烧给他的,明祭"藏王",暗祭"张王"。"狗屎"谐音"九四",也有称为"久思香"的,其意完全相同。因为朱元璋做了明朝开国皇帝，手拿杀人的刀，周遭布满官府和爪牙，百姓只好出此下策。这个习俗一直保留到六百多年后的今天，即使人们都住进了高楼，但每年的农历七月三十日晚上，一些老人依然要在楼前、路边点香燃烛。

而且，苏州人还有一句俗语，面对人缘不好的人，就嘲讽其为"七月三十未烧狗屎香"，似乎烧了这个"狗屎香"，这人的人缘就会像六百多年前的那个吴王一样好起来。

苏州清明前后开始上市的时令小吃"酒酿饼"，据说也与张士诚有关。当年张士诚身负命案受官府通缉，只得带着老母逃到苏州。身上钱粮用尽后，张士诚的母亲又饿又累，奄奄一息。幸亏一位老人将家中仅剩的酒糟做成饼，救了张母一命。张士诚感念这份恩情，他在苏州称王后，就下令每到清明这一天，各家都要吃这种酒糟饼，民间又称其为"救娘饼"。待张士诚死后，老百姓慑于朱元璋的威压，不敢再提"救娘饼"，改称谐音的"酒酿饼"。

还有一个至今存在于吴语中的"讲张"一词，也源自张士诚。朱元璋消灭张士诚建立了大明王朝后，苏州百姓仍思念并谈论着张士诚的好处。朱元璋知道攻打苏州困难的一个原因是因为苏州人民支持张士诚后，对苏州人加以报复，不但发配大富豪沈万三，还将许多人迁到了他的家乡安徽凤阳，有的还迁到苏北盐城一带的海边滩涂，异常困苦之地。

这样的高压之下的凶狠，愈发衬托出张士诚执政时的仁德。明代太仓人陆容的《菽园杂记》中记载："高皇（朱元璋）尝微行至三山街，见老妪门有坐榻，假坐移时，问妪为何许人？妪以苏人对。又问：'张士诚在苏何如？'妪云：'大明皇帝起手时，张王自知非真命天子，全城归附。苏人不受兵戈之苦，至今感德。'"这个老太太的话，代表了许多苏州人对张士诚的态度。

苏州方言里还有"讲张"一说，两个人在一起谈话，就是两个人在"讲张"。这一词语的来历与张士诚有直接的关系。张士诚死后，苏州百姓都很同情他，并且怀念他生前的功德。于是，街头巷尾几个人碰在一起了，话题大都是窃窃私语讲张士诚的好。这个情况渐渐传到了朱元璋的耳朵里，他当然相当不开心，就下令捉拿讲张士诚好处的人。一时，苏州百姓都人心惶惶，人人自危，不敢再讲张士诚了。

据说，当差的只要看到有人在交头接耳，就会大声问："你们在'讲张'吗？"人们总是回答道："没有没有，我们不在讲张。"当差的说："好，那大家就识相点，不准再讲张啦，否

中国风俗图志·苏州卷

一针见效图

则，就是自己跟自己过不去啦！"

但这样一来，"讲张"二字倒被赋予了约定俗成的内容，不讲张的内容也被贴上"讲张"的标签了，并一直延续至今。

天灸

天灸，是中医灸治疗法中非火热灸法中的主要方法，又称发泡疗法。天灸疗法是中医传统的外治疗法，是借助药物对穴位的刺激，使局部皮肤发红充血，甚至起泡，以激发经络、调整气血而防治疾病的一种方法。通过将特殊调配的药物贴敷于特定的穴位，可使药物持续刺激穴位，通经入络，达到温经散寒、疏通经络、活血通脉、调节脏腑功能的效果，既可改善临床症状，又可提高机体免疫力。

不知这个天灸与《清嘉录》上的"天灸"有没有瓜葛。书上的记载是，吴人农历八月初一，早晨起来取草叶上的露水来磨墨，将这个墨点在小孩子的额头和腹部，此举可以用来祛除百病，称之为"天灸"。从字面上理解，似乎是上天赐予的针灸，或者说是天然的针灸。

顾禄还引用了卢《志》以及长、元、吴《志》的记载，说明这个"天灸"就是当地的风俗。另外，《风俗通》上记载的略有不同，是说这一天为六神日，在这一天里，用露水调和朱砂，用小指蘸朱砂点在额头上，能祛除各种病。后一种说法没有指定是小孩，似乎成年人也可自己给自己点。那时的医疗条件比较差，许多时候都是用简单到自己力所能及的办法，再调和以自己的心理来医病。这也是一种没有办法的办法。

对照当代医生开的处方，外人几乎不能辨认，形同"天书"，与这个"天灸"倒是合拍的。

八字娘娘生日

《清嘉录》载：八日为八字娘娘生日，北寺中有其像，诞日香火甚盛。进香者多为老妇人。预日编麦草为锭式，实竹箩中。箩以金纸糊之，两箩对合封固，上书某门某氏姓氏，是日焚化殿庭，名曰金饭箩。谓如是能致他生丰足。

顾禄又说，八字娘娘像在城中北寺内，一半老妇人，插花满头，相传与人生前造命。妇女

走神

爇香献履，再生可转男身。

民俗中的八字娘娘是天庭众神中专管分配世人八字的女神。如今，苏州人在中秋节的前夕到北寺塔内祭拜八字娘娘的风俗好像不是很浓了，但也有一些上了年纪的善男信女去烧香磕头，他们多为下一代求得庇护。对自己命运无从把握的人们，当然只有祈求神祇。心有神灵、敬畏神灵者，往往都有自己做人的底线，不会做伤天害理的事。最怕的是那些道貌岸然的伪君子，打着冠冕堂皇的幌子，却干着蝇营狗苟的事情。

走月亮，女人的狂欢节

一

天上这轮月亮，是文人骚客的爱物，古往今来，吟诵它的诗文不计其数。从唐代李白，到宋代苏轼，再到清代张潮，名篇佳作，耳熟能详。可以说，现实的月亮，照耀着眼前世界的苍穹，而诗文中的月亮，辉映了文化心灵的苍穹。

月亮之于吴地，可不是文化人的专利，相对来说，似乎平民百姓的狂热劲头来得更猛。

而且，还是女人打头阵，女人成了月下舞台的绝对主角。

对于这一点，有清代苏州人顾禄的《清嘉录》中的"走月亮"为证："妇女盛妆出游，互相往还，或随喜尼庵，鸡声喔喔，犹婆娑月下，谓之'走月亮'。"清代苏州人沈复的《浮生六记》也写道："中秋日……妇女是晚不拘大家小户，皆出，结队而游，名曰'走月亮'。"这实在让人有些惊讶。在封建时代，女性总是被束缚得处处行动不便，但吴地这一天忽然大解放了，百无禁忌，不光被允许晚上外出，还要穿着"盛装"，几乎通宵狂欢。而且，可以结伴来到城里或城外走三桥，来回路线重复，据说这样可治病强身，抖去晦气，所以"走三桥"又叫"走百病"，一走，百病都没有了，离身而走了。

走三桥在苏州还叫"游安""走平安路"，是一种祈福驱灾的民间习俗。在苏州山塘街一带，民谚云："上桥走走，万病无有；小孩走三桥，聪明伶俐读书好；小伙走三桥，事业兴旺步步高；姑娘走三桥，青春亮丽更苗条；老人走三桥，鹤发童颜永不老。"苏州山塘习俗中的"三桥"，是指山塘古街的"斟酌桥""望山桥"和"绣花桥"。

无独有偶，吴江同里古镇习俗中也有"走三桥"的讲究，这"三桥"指镇上相距不足50米

的三座古石桥：太平桥、吉利桥和长庆桥。它们是古镇同里的桥中之宝，小巧玲珑，端庄雅致而又古朴稚拙，凝重沧桑，如三尊精美的石雕，跨三圩，越两港，三桥呈"品"字形，屹立于三河交汇处。至今，还让当地人和游客乐滋滋地走桥不止。

当然，月下走桥，就更见韵致了。

二

不妨引用一首清代苏州诗人蔡云的《走月亮》——

> 中秋木樨插鬓香，姊妹结伴走月亮。
> 夜凉未嫌罗衫薄，路远只恨绣裙长。

这首诗十分明白晓畅，女子们头上云鬓上插着桂花，在月下走得起劲，虽然已有几分秋凉袭人，但单薄的绣裙仍然感觉不到丝毫寒意，只是嫌长裙缠腿，迈不开步子。这走月亮的吴地女子们明显张扬着青春的活力。

再引用一首清代诗人周宗泰的《姑苏竹枝词》——

> 中秋共把斗香烧，姐妹邻家举手邀。
> 联袂同游明月巷，踏歌还度彩云桥。

这首诗也是一样的轻松明快。女子们举手相邀，走彩云桥时，还踏歌而行，让人疑心她们不是封建时代的女性，几乎是二十一世纪的女性。

值得一说的是，苏州人对自己妻子的称呼也比较有意思，叫"家主婆"。比起"堂客""婆姨""拙荆""贱内""马子"等称呼，显然要恭敬得多。客观上，苏州人女人当家比男人当家的要多很多，尤其是在当今社会。

走月亮的女人们步出家门，走几座桥太容易，苏州随处小桥流水，如果仅仅满足于走过三座桥，那就太没劲了。那要走多远？起码也要出城，比如虎丘就是一个绝佳选择。这一天，虎丘有曲会，这"虎丘曲会"可是苏州历史上规模宏大的民间昆曲集会，届时文人雅士、曲词名家、专业艺人、百姓票友，都会自发地在中秋之夜聚集虎丘，吟咏较艺，拍曲演唱。不消说，走出家门的女性是最庞大的参与者。甚至可以理解为，与其说是曲会吸引了城里的女性，还不如说是城里的女性在头顶月亮的指引下倾城而出，成就了这个载入史册的昆曲大集会。

当代学者余秋雨在他的专著《昆曲：中国传统戏剧学的最高范型》中，对"虎丘曲会"做出了极高的评价。他认为，一座城铺天盖地的全民性痴迷，成了昆曲艺术生存的浓烈氛围，这使人联想到古希腊圆形剧场中万众向悲剧演员欢呼的场面。除此之外，世界戏剧史上很难再找到如虎丘曲会这样规模宏大而又历时久远的剧艺活动了。这一传统昆曲盛会一直到清乾隆以后，才随着昆曲的衰微及其他多种原因逐渐沉寂。

虎丘曲会沉寂了，但苏州女性月亮照走不误，往哪里走？往石湖走。

再引用一首蔡云的绝句——

> 行春桥畔画桡停，十里秋光红蓼汀。
> 夜半潮生看串月，几人醉倚望河亭。

行春桥在哪里？在石湖。诗人在诗中描写行春桥畔秀丽的秋色，其中提到了"串月"，即桥下湖水中的月亮，在桥洞中每洞一轮，形成一串，烘托出石湖月下盛景。但这里不完全是写城里的女性在走月亮，更多的是写男女混杂到石湖看串月的情景，不但赏月，还有月夜饮酒，并且酒醉醺醺。

又有清代诗人沈朝初写的一首《忆江南》——

> 苏州好，串月有长桥。桥面重重湖面阔，月亮片片桂轮高，此夜爱吹箫。

词中的意境也写到串月，在长桥下面，并且伴有幽幽的洞箫声，月光倾泻，湖水中映现月轮，一种宁静之美衬托着在月光下踱步的女性。难怪田园诗人范成大辞官回乡要隐居这里，以"石湖居士"自称。

但我怀疑，这首词写的并不是石湖的长春桥，而是澹台湖的宝带桥。奇怪的是，写《清嘉录》的顾禄，写尽苏州民俗，被日本民俗界尊称为"苏州才子"，但他在该书中居然没有写到去宝带桥，自然也就更不可能写到去宝带桥观赏串月了。想不透，暂且存疑。

三

石湖串月，其实不是中秋夜，而是过了中秋夜三天后的八月十八。

真正的吴地女子走月亮，倒是在八月十五的中秋夜。

八月中秋节赏月,应该是整个中华民族共同的节日习俗。苏州赏月佳处中,还有一处绝佳,那就是宝带桥看串月。行春桥只有九孔,而宝带桥有五十三孔。行春桥看串月,九孔九月,加天上一轮,一共是十轮月亮;宝带桥看串月,可是五十三轮月亮再加天上一轮,是五十四轮,何其壮观!

宝带桥又名长桥,是古代桥梁建筑的杰作。它位于苏州市吴中区长桥镇(今长桥街道),傍京杭运河西侧,跨澹台湖口,与河北赵州桥、北京卢沟桥和福建洛阳桥并称为中国四大名桥。全桥用金山石筑成,桥长316.8米,桥孔53孔,是中国现存古代桥梁中最长的一座多孔石桥。

宝带桥修建于唐元和十一年至十四年(816—819),是唐代为发展漕运业,加快转运三吴地区的贡物北上进京而建。史载,当时苏州刺史王仲舒捐出自己的随身宝带,引领富商一同捐资,才始建古运河边这长桥上的纤道,因此,桥以"宝带"来命名。宝带桥是横跨在澹台湖口的纤道建筑。古时每逢漕运,古运河内满载货物的船只,须挽舟拉纤通过三百多米宽的澹台湖口,漕粮北上的船方可进入运河继续北上。这座桥维持了四百多年后坍圮违约圮,至南宋绍定五年(1232)重建,元代修筑为长石拱桥。明正统十一年(1446)重建,形制与规模基本沿袭至今。清康熙九年(1670),此桥被大水冲圮,三年内修复。清道光十一年(1831)由林则徐主持修理,费"工料银六千六百七十两"。清咸丰十年(1860)毁3孔。同治二年(1863)英军戈登驾舰攻打苏州,拆去桥中间大孔,酿成南面26孔连续倒塌之惨状。抗战时期,南端6孔又被日军飞机炸毁。现今所见宝带桥,都是新中国成立后修复的。在这里,能谛听到历史的回声,看得见共和国不屈的身影。2001年,古桥作为古建筑,被国务院批准列为第五批全国重点文物保护单位。2013年9月,联合国教科文组织的专家对大运河苏州段进行了现场考察评估,对宝带桥的文物价值给予了较高评价。2014年6月,第38届世界遗产委员会会议同意将中国大运河列入《世界遗产名录》,宝带桥作为其附属也一并列入。

所以,苏州城里走月亮的女性们,如果幸运的话,碰巧能从桥下清波中看见每个桥洞下都有一轮月亮,天上水里,一共54轮月亮。

一生爱下江南又爱写诗的乾隆帝,就写有一首《过宝带桥有咏》——

金阊清晓放舟行,宝带春风波漾轻。

孔五十三易疏泄，涨痕犹见与桥平。

这位写下上万首诗的风雅皇帝，诗作数量惊人，但质量水准却不怎么高。那么，那些走月亮的苏州女性，会不会对这首"姿色平平"的御诗评头论足并讥笑一二呢？我觉得不会。她们都很热爱自己的故乡，爱惜故乡的古桥。人家是九五之尊，还免费来帮你写诗颂桥，没有功劳也有苦劳，总还是得谢谢人家的。这是吴地女子的共同性格，何况在明晃晃皎洁月光中的女子。

四

接着说八月十五中秋节后三天的石湖串月。

从宋朝开始，游石湖、看串月、逛庙会逐渐成为苏州人独有的中秋民俗，一直流传至今。近年，苏州姑苏区在着力打造"石湖串月"的民俗文化活动，包含石湖咏月、行春串月和吴门品月三个篇章。其中，石湖咏月分为两部分，一是以昆曲、评弹为主要曲目的石湖曲会，二是以越垒野望、田园觅诗、行春串月等石湖景点为空间架构的中秋主题民俗文化专场演出。行春串月主要是逛老街庙会，包括姑苏非遗展和市井文化展等。

据了解，沧浪新城还同步推出了"集字游戏""中秋祈福""中秋民俗文化表情包""石湖新郭电子导览地图""猜灯谜"等线上活动，并通过线上直播，让更多的人了解"石湖串月"这一传统民俗。游湖人数一般都是每次超4万人次。围绕农历八月十八游石湖、看串月这一独具特色的习俗，苏州正努力呈现原汁原味的吴地中秋民俗面貌，全力塑造自身的文化品牌，从而更好地保护、传承古城文化。

当游客进入新郭老街，身穿宋朝文人服饰、扮演"范成大"的工作人员会前来迎接，并发放手绘地图。在新郭老街上跟着"范成大"往前走，可以看到现场具有传统特色的展位，包括古新郭的传统民俗酿酒、制镜、织渔网以及苏绣、缂丝、苏式月饼、苏式糕点、虎丘泥人、糖画、剪纸等非遗项目展示，手工艺人和非遗项目传承人还会为游客进行现场演示。而且摊位上的手工艺人以及在街上游玩的众多"行人"，还会身穿古代衣服。届时，走在新郭老街的石板路上，听着"三花"叫卖，喝着新郭老酒，品着中秋月饼，尝着苏式糕点，看着新郭刺绣，玩着虎丘泥人，赏着石湖美景，你一定会有穿越到古代的感觉。

石湖边的范成大，一生壮举多多，尤其是晚年归故里，在石湖自号"石湖居士"，写下脍

炙人口、风格独具的《四时田园杂兴》60首，让当代学者钱钟书在《宋诗选注》中谓之"算得中国古代田园诗的集大成"，真正一如诗人其名。而且，钱钟书甚至称其比起晋代的陶渊明都"后来居上"，这几乎会震惊学术宫殿和既有的排位。

说到月下美景，我的眼前总是浮现出古代在月光下操着吴侬软语说说笑笑的吴地女子队伍。她们穿着各色丝绸衣裙，头上梳着云鬓，插着桂花或者茉莉花之类香花，勾肩搭背，婀娜碎步，像一群下凡的天宫仙子，从水边走过，水中倒映着她们的倩影；身体触碰着某株小树，树枝摇摆颤动久久；一路香风，说不出的美妙。她们在走月亮，月光在她们的裙下如水银泻地；月亮在头顶，亦步亦趋，跟随着她们，欣赏着她们，欣赏着她们的姣好，纵容着她们的狂欢。

此时，节令上也是吴地最新鲜丰饶的时间段，著名的"水八仙"都一一仙气十足出水来，似乎要与吴地女子们媲美，比颜值的秀外，更比内涵的慧中。水八仙是哪八位？请出来看看：茭白、莲藕、水芹、芡实、茨菰、荸荠、莼菜、菱角，这八仙也会让人想起民间传说中的"八仙过海，各显神通"，但它们都是植物，而且明显都带有雌性气质，就是那《石头记》中宝哥哥所说的"水做骨肉"。你看那茭白，剥去绿色外衣，洁白的身体近乎冰清玉洁，比起那华清池"温泉水滑洗凝脂"的肌肤，有过之而无不及。水芹、茨菰、荸荠、莲藕，也无不带有一个家族的基因特质，白白嫩嫩。尤其是菱角，与他处大不一样，虽然也是梭形，带着长长的刺，但却是粉红色的，刺也是软的，不用刀来切开，两手的拇指食指拿稳了，对折一掰，就能剥开嫩嫩的外壳，吃到清甜可口的菱肉。还有荸荠、莲藕，可以断定，走月亮的女子们，一定是带有这些能生食的水下食物的，从她们齿颊飘过的阵阵香风，就是最好的证明。

除了"水八仙"，此时吴地陆上的瓜果也比比皆是，橘子、梨子、石榴、柚子、枣子，都是便于携带的，可以伴随她们一夜游玩，补充能量。

吴地人此时也似乎是家家户户互相挤眉弄眼地打过招呼，平时家中女眷们也够忙的，为家庭做的贡献也够大的，就让她们疯一回浪一回吧，放任各家的女眷在吴地的花前月下、桥栏岸边，痛痛快快走一番，温柔浪漫一番，形成对月下女性生命的礼赞。

试想，如果邀请镇湖的八千绣娘一同到湖边月下走一走，她们曾经绣花绷前金指银针，针线间蜂飞蝶舞，现在，在月下舒展一番，那情形与她们所刺绣的伟大的作品相比，也毫不逊色。

五

"宝带桥串月",按理比"石湖串月"出现更早,场面更壮观,却不如"石湖串月"那么有名,为什么？我想,这不仅因为石湖畔景色如画,而且,同上方山的另一个风俗也有着连带关系,那就是所谓的"五通神"生日。

我是20世纪80年代底到苏州的,亲眼看到过苏州的桂花飘香时节,一群群有组织的乡下老太太们进城来购物,少则三五成群,多则二三十人结队,后来推算,这一天大约就是农历八月十八。这些老太太们年龄也不算太大,大约五六十岁吧,但由于长期在田间干农活、操持家务,显得比较老态,面色黝黑多皱纹,头上都用蓝印花布包头,腹前系蓝印花布短围裙,步态沉稳轻快,最突出的标志是她们都斜背着一个崭新的黄布包。她们衣饰相近,仿佛是一群娘子军。

据方志载,农历八月十七这一天是"五通神"的生日,苏州一带善男信女都要到上方山五通庙去烧香,"借阴债"。明代时,香火极盛,夜间,师娘（即巫婆）现身装神弄鬼,热闹非凡。十八日一早,四里八乡的烧香船都涌向石湖,许多船上载着各种会打拳弄武的高手,敲锣打鼓随着画舫穿越桥洞,还把钢叉从桥洞这边飞过桥面,越过热闹的看客头顶,待船过到桥洞另一侧,正好接住,以此来显示该村村民武艺的高强。这时,行春桥上人山人海,喝彩声四起。明代吴门画家文徵明曾为此景做过一幅《泛舟石湖》诗画卷。直到清末康熙年间,苏州巡抚汤斌为了防止苏州人利用结社赛会图谋不轨,他亲率士兵拆掉了五通神庙。他在《奏毁淫祠疏》中写道："苏州府城西十里,有楞伽山,俗名上方山,为五通所踞几数百年。远近之人,奔走如鹜。牲牢酒醴之饷,歌舞笙簧之声,昼夜喧闹,男女杂沓,经年无时间歇,岁费金钱,何止数十百万！商贾市肆之人谓称贷于神,可以致富,借值还债,祈报必丰。谚谓其山曰：玉山；其下石湖曰：酒海。荡民志,耗民财,此为最甚。更可恨者,凡年少妇女有殊色者,偶有寒热之症,必曰五通将娶为妇,而其妇女亦恍惚梦与神通,往往羸瘵而死。家人不以为哀,反艳称之。每岁常至数十家,视河伯娶妇之说更甚矣……"汤斌捉拿妖神,剥去冠带,杖击驱赶。汤斌毁淫祠在江南一带影响深远,也的确煞住了迷信"五圣作祟"的风气。但是,到了道光年间,上方山的香火死灰复燃,而且愈加厉害,屡禁不止。"文革"期间"大破四旧,大立四新",可以想象,山上庙宇里

的坛坛罐罐也被损毁殆尽。可是,到了20世纪80年代,依然是神汉妖婆出没,香客八方而来,斜背黄色包的老太太们神气活现地拜罢上方山游罢石湖,再进军观前街,实在让人瞠目结舌。

奇怪的是,她们百折不挠地膜拜着的,既不是佛教,也不是道教,更不是西方的天主教和基督教。五通神为何能让善男信女如此执着痴迷数百年呢?其中一定有某种存在的道理。这个问题当然只能留待社会学家们研究,我不敢过多妄加猜度。只是,我想一定与人们的求财心理有关吧。明代中国的资本主义萌芽就是率先出现在这块土地上的,这里的人聪敏而勤快,知道资金和机遇的重要性,想得到资金,又希望有运气光临头顶,并且也的确看到过身边有人奇迹般如有神助地迅速发迹,所以,向冥冥之中的虚空投入很多的执着。其心不可谓不诚,其行亦非偷非抢,官府也奈何不得。她们怀着一个梦想,踟蹰奔波在"玉山""酒海"之间,让头顶一轮明月不无恻隐地观望了多少年又多少年。

这些老太太们当年也曾呼朋唤友地走月亮吗?

或者,将斜背黄布包的冲锋陷阵也当作另一种形式的走月亮?

我不得而知。在改革开放四十多年后的今天,虽不见官方发布强硬的法令,更不见动用人力来拉扯阻止,黄布包的队伍却悄然销声匿迹了。真的,苏州城如今再也看不到这样的老太太方阵了。也许是她们都太老了,腿脚不听使唤了,只得无疾而终。但在此之前不都是前赴后继的吗?到了今天怎么就后继无人了呢?我想,这一定是她们的后人文化水平提高了,有了自己的思辨能力与见解,而且,需要资金的话融资渠道众多,不必去做那种方式的"努力"。

这也可以拿月亮来说事儿,再怎样明晃晃的月夜,比起白昼来,能见度还是要打折扣的,许多需在太阳底下明辨的真理,终究还是要摊开到太阳底下的桌面上来。

吴地女子走月亮,与山湖之间的香火黄布包,不过是不期而遇的擦肩而过,偶然的相遇。只是,湖山之间的人气,也的确是互相借用了。

现在,随着城市的扩容,连唐诗中的"姑苏城外寒山寺"都变成"城内寺"了,市民到石湖更方便,石湖的布局和设施更加宜人,石湖串月的参与者更加多,月夜也更加迷人。

六

现今,每年八月十七的夜晚,苏州旅游业都纷纷增开"石湖串月"游览专艇,这时,上方山上，楞伽塔下，皓月当空，澄澈万里，湖波山岚，一片清光。遥望苏州城区，繁灯如星，恍若人间天堂。还有小船载酒，传出弦歌之声。一到半夜最佳时刻，人们群集行春桥周围，待一轮明月升上中天，透过九个桥洞，期望观看到传说中神奇的九轮桥洞中的月亮。

但"串月"只是一个愿景。传说了上千年的这个景，上了诗文，上了书典，但并没有照片，一张都没有。前几年，有旅游部门悬赏，谁能拍下这行春桥或宝带桥桥洞中的成串月影，将给予高额奖金，重赏之下必有勇夫，但勇夫虽神勇也只得徒叹奈何，没有人拍到。一月当关，万夫莫开。于是，有人根据物理学上的光学原理，断定同时从众多的桥洞看到每个桥洞里都有月影不科学，完全是想当然的一厢情愿。

那么，当年走月亮的吴地女子们，在看这桥洞的月亮时，众多人一惊一乍，是否是因为看到每个桥洞里都有月亮呢？

或者，干脆就是说这些出门来"串门"的女子们，螃蟹一拎拎一串，月光地上的她们在"串月"？自身也美如一串明月？

让人不觉想起著名的云南民歌《小河淌水》，歌中唱道：

> 月亮出来亮汪汪，亮汪汪
> 想起我的阿哥在深山
> 哥像月亮天上走，天上走
> 哥啊哥啊哥啊
> 山下小河淌水，清悠悠
>
> 月亮出来照半坡，照半坡
> 望见月亮想起我阿哥
> 一阵清风吹上坡，吹上坡
> 哥啊哥啊哥啊
> 你可听见阿妹，叫阿哥

这首歌有多种唱法，比较而言，还是忧伤的唱法最打动人心。月夜中的女人，望着月亮想起自己的情人在深山努力工作，在茶马古道上辛劳奔波，自己却不能在身边守护，幽幽的吟唱悠远而来，微浪拍岸却也让人怦然心动。那是一种对美好未来的祈盼和追寻，一种永久的美好呼唤。听着这天边婉转而来的歌声，天边眼前，远古未来，无言的月光使其瞬间相通。

中国风俗图志·苏州卷

北京时间

重阳登高时

重阳节是各地都认同的传统民俗节日，一般与登高有关系。顾禄在《清嘉录》中写道："登高，旧俗在吴山治平寺中牵羊赌彩，为摊钱之戏。今吴山顶机王殿，犹有鼓乐酬神，喧阗日夕者。或借登高之名，遨游虎阜，箫鼓画船，更深乃返。"这里明确写到登山。这里好像主要是讲男人们的游玩，因为有"借登高之名"而行别的玩乐，好向家中老婆谎称登高，实则是游玩虎丘，其中的"箫鼓画船"是男人们玩乐的场所，他们会一直玩到深更半夜才归家。

"牵羊赌彩"是斗羊的游戏，但肯定要下赌注的。

顾禄在书中还记录了沈朝初的一首《忆江南》："苏州好，冒雨赏重阳。别墅登高寻说虎，吴山脱帽戏牵羊。新酿酒城香。"并注释："吴山九日登高，牵羊戏博，俗呼'扑羊'。"这一注释，似乎说明这个由牵羊而来的游戏，可能还不一定是两羊之间的决斗，反倒像是人与羊斗，如同西班牙的人与牛斗。游戏前会立下一定的规则，如快速地扑倒羊之类，来赌输赢。他又录下明代人申时行的《吴山行》："九月九日风色嘉，吴山胜事俗相夸。阊阎城中十万户，争门出郭纷如麻。拍手齐歌太平曲，满头争插茱萸花。横塘迤逦通茶磨，石湖荡漾绕楞伽……飘缨挟弹谁家子？蹀躞鸣筝何处娃？不惜钩衣穿薜荔，宁辞折屐破烟霞……萤煌灯火阗归路，杂沓笙歌引去槎。此日遨游真放浪，此时身世总繁华……白衣送酒东篱下，谁问柴桑处士家。"如果说走月亮是吴门的女人们的狂欢，那么，这重阳就仿佛是男人们的狂欢了，而且来得有过之无不及。

这些场合，不是一般人家能消费得起的。顾禄在随后的《重阳糕》中写道："居人食米粉五色糕，名重阳糕。自是以后，百工入夜操作，谓之'做夜作'。"重阳糕好吃，但"谁知盘中餐，粒粒皆辛苦"，要辛苦那些上夜班的做糕工人们，在深不见底的夜色中辛劳，才有白天五彩斑斓的"五色糕"。蔡云的《吴歈》也非常恰切地写到做糕人："蒸出枣糕满店香，依然风雨古重阳。织工一饮登高酒，篝火鸣机夜作忙。"这里面有浓浓的人情味，有体恤工人的辛苦不易，描写的也都是实情。顾先生在下面记录了一个特写镜头：九日天明时，以片糕搭儿女头额，更祝曰：愿儿百事俱高。此古人九日作糕之意。这是上一代对下一代的祝福和期盼，也是人们在过重阳节这天对美好生活的向往吧，人往高处走，芝麻开花节节高。

重阳节是一个各地大同小异的节日，1989年，我国将重阳节定为"老人节"，这既延续了

重阳节尊老敬老的习俗,又将其上升为国家意志,为重阳节注入了许多新的实质内容。老人节的设立反映了一种新的社会道德和新的社会风尚的形成,成为促进我国老龄化工作的一个媒介,为促进社会主义精神文明建设和和谐社会建设发挥着重要作用。

三十多年过后,中国的经济又有了很大的发展,随着老龄化社会的全面到来,我们又面临了"适老化"的课题。在重阳节这天,仍然有爱心人士频频策划各种敬老爱老的公益活动,不少单位也结合自己的工作性质,走上街头,走进社区,为老年人免费服务。这些都是暖心行动,张扬我们这个时代的人性美、社会的体制美。但能否在敬老爱老上形成一种社会机制呢?这种机制就是"适老化",即从生活场地的规划上,从设施的设计上,从制度的制定上,从诸多方面的源头上考虑老年人的适宜度和舒适度。

老龄化既然是社会性的问题,那就应该从社会的层面来看待。在以往,我们往往多从传统文化、传统道德的角度,来看待养老敬老的问题,也强调在全社会树立尊老爱老的意识。但人的"意识"毕竟只是精神层面的,而且个体又有文化背景的差异和经济、习性、教养等的不同,这样的状况很显然难以对接和满足大规模的老龄化社会需求。

以苏州为例,早在1982年苏州就步入了老龄化社会。在数以百万计的苏州老人中,如同善心的牵引盲人走路不如街道旁固定有盲道一样,一家家的小辈想方设法寻找适合老人的低层住房,不如在建房时考虑安置电梯,让老龄人彻底免除爬楼梯之虞,比舆论上的劝导有用得多。政府加以指导,让房产企业在进行住房的规划和设计时就考虑到"适老",让超市、图书馆、影剧院也都从源头上考虑到适老,那就会与老龄化社会形成精准对接。

热腾腾的饭菜定时送到家,沐浴全程都有助浴员陪同,需要粮油打个电话就免费送货上门……日间照料中心为老人提供一站式服务,给老人们免费体检、建立健康档案、提供公共卫生服务,打造医疗养老相结合的养老新模式。目前,苏州全市共建有1180个日间照料中心,38.1%的日间照料中心实行社会化运营,通过合作、租赁、委托管理等方式,吸引社会力量参与投资和管理公办养老服务设施。

从社会层面来考虑适老,也是老龄人本体的主观需要。老年人,尤其是文化素养高的老年人都有很强的自尊意识,如何让他们舒心地接受尊老爱老,也是一个我们必须正视的问题。我们看到,一些习惯思维中的帮助老年人的行为,其实有时会令老年人反感。这对那些

"不服老"的自立意识很强的老人主客观上都会构成一种无形的压力。尤其是一些"施恩者"不注意,在帮扶的过程中自觉不自觉地流露出一种优越感,会给被帮扶的老年人造成一种"吃嗟来之食"的感觉。当我们在探讨"不帮助是我的权利"时,其实,有许多老年人根深蒂固地有一种"不接受帮助是我的权利"的心态。必须让老年人生成一种"我接受了你的帮助但我不欠你的人情"这样一种心态。要想体面地帮助老年人,就不能不从社会化的层面来考虑和实施适老,让他们在得到帮助的同时,能够有主动的选择,能够更加独立而不失尊严。这其实也是舒适舒心的生活所"自带"的要义。

自然和社会的原因带来出生率的下降、死亡率的下降,而人们的寿命又一直逐渐延长,必然会出现老龄社会。社会的发展和社会财富的充裕也与这些老龄人有直接的关系,所有的人又都无从选择地要进入这个社会阶层,所以,适老化的社会机制是我们幸福生活的"标配"。有了这个"标配",所有的日子对于老年人来说都是温馨幸福的重阳节,而不只是每年的某一天。

重阳登高,能让我们登高望远,想一些未来必然要来的事情。

冬至大如年

苏州人历来看重冬至日,至今依然如此,这其中的说法是,"冬至大如年"。过年是一年中最大的节日,能够如同过年,那的确是不小了。

顾禄《清嘉录》言:"郡人最重冬至节。先日,亲朋各以食物馈遗,提筐担盒,充斥道路,俗呼'冬至盘'。节前一夕,俗呼'冬至夜'。是夜,人家更速燕饮,谓之'节酒'。女嫁而归宁在室者,至是,必归婿家。家无大小,必市食物以享先,间有悬挂祖先遗容者。诸凡仪文,加于常节,故有'冬至大如年'之谚。"周遵道《豹隐纪谈》:"吴门风俗,多重至节,故曰肥冬瘦年。"又云:"互送节物。"颜侍郎度有诗云:"至节家家讲物仪,迎来送去费心机。脚钱尽处浑闲事,原物多时却再归。"又江、震《志》皆云:"邑人最重冬至节。前夕,名'节夜'。"又《昆新合志》云:"冬至节,亲朋各相馈遗。"

这里出现一个词:"肥冬瘦年。"冬至比年还肥大,那就有"冬至大于年"的意思了。的确,也有人是这么说的。

人们如此看重冬至,那么又是如何来过的呢?似乎主要还是吃,这是一个由吃来体现主题的节日。民以食为天,天下皆然。

在苏州传统民俗中,冬至夜里,媳妇是必须回婆家吃冬至夜饭的,而且家家挂祖先像祭拜祖先,小辈还要到长辈处拜谒,称贺节、拜冬,一切礼仪都和过年一样,所以称"冬至大如年"。

"团圆饭"桌上无论是冷盆热炒还是鸡鸭鱼肉,都要换上雅名,其中蛋饺叫"元宝",肉圆叫"团圆",粉条叫"金链条",黄豆芽叫"如意菜"等等,每个菜都渗透着吉祥和喜气。

有几种美食非吃不可。

一是馄饨。冬至夜的主食很有讲究,有"冬至馄饨夏至面"的说法,馄饨一定要吃。

二是冬酿酒。吴语虽然也有"喝"的说法,但在喝酒、喝茶时,还都说成"吃酒、吃茶",与"吃饭、吃菜"的用词完全相同。这一夜,鲭鱼、蹄髈、冷盘、热炒都有了,自然少不了酒助兴。为了冬至夜,素性淡雅的苏州人专门发明了一种度数不高、老少皆宜的酒,名为"冬酿酒"。苏州人对冬酿酒是有情结的。这一夜的团圆饭不论是在饭店吃,还是在家中吃,冬酿酒都必不可少,连小孩也可以敞开肚皮喝。这个冬酿酒是一种米酒,加入桂花酿造而成,香气宜人。姑苏百姓在冬至夜畅饮冬酿酒的同时,还会配以卤牛肉、风鹅、咸鸡、酱鸭、爆鱼等各式各样的卤菜。在寒冷的冬夜里,冬酿酒不仅能够驱自然界的寒,同时也让一家人其乐融融,身上与心里都暖呼呼的。

三是"冬至团"。苏州人又称冬至团为"稻窠团",在冬至日前一夜,磨粉为团,以肉糜、豆沙、萝卜丝为馅,祭祀并互相赠送。现在吴地农村仍有吃冬至团的习俗。冬至团其实就是汤团,一种用糯米粉制成的圆形甜品,"圆"意味着团圆、圆满,故冬至吃的汤圆又叫"冬至团"。古人有诗云:"家家捣米做汤圆,知是明朝冬至天。"汤圆又分"粉团"和"粉圆"两种,《清嘉录》曰:"有馅而大者为粉团,冬至夜祭先品也。无馅而小者为粉圆,冬至朝供神品也。"

四是酱方。苏州人一年四季要吃四块肉,即春吃酱汁肉,夏吃荷叶粉蒸肉,秋吃扣肉,到了冬至时就得吃酱方。所谓"方",就是大块的方正肉块。这酱方好不好,首先看形状方不方,然后,再看肉的酥烂程度。酱方的主料是切好的五花猪肉块,然后采用腌、煮、焖、蒸等办法烹饪而成。一定要用文火长时间蒸闷去油,使这酱方的肥肉爽滑不腻,瘦肉香而滋润,肉皮入口即化，吞下满口余香。

五是羊肉。苏州人从冬至这天起就开始进补了，所吃的就是有名的藏书羊肉。藏书是郊区古镇，那里的人普遍会烹调羊肉，不论是红烧还是熬汤，都深受苏州城里人欢迎。一入秋，几乎每条巷子里都有羊肉小店，也都一律挂"藏书羊肉"店招，生意普遍较好。羊肉是温补之物，能促进血液循环，增强御寒能力。冬至这一天，苏州人的餐桌上几乎是家家不离羊肉。

至于苏州人为什么如此看重冬至这一节日，可以从几个方面来分析。

据苏州民俗博物馆研究员沈建东介绍，首先这是苏州古代奉行周朝历法的遗风。在周历中，冬至日就是新年，"如年"就是自然而然了。冬至是中国二十四节气之一，这一天，太阳直射南回归线，使北半球白天最短夜间最长。再过一个月左右，将迎来农历新年。但在古代某些时候，情况却并非如此。沈建东介绍，周朝所用的历法是太阳历，以冬至夜为岁末，也就是大年三十夜；冬至日为岁首，也就是新年的开始，所以过冬至节就是过年。3000年前泰伯和仲雍南奔，建立勾吴，把周朝的历法带到了苏州，苏州人就此以冬至日为新年了。

秦始皇统一全国后，各地改用夏历，以农历十二月最后一天为岁末，正月初一为来年岁首。但苏州人却很另类，依然十分重视冬至节，这主要是因为，泰伯、仲雍历来被苏州人视为老祖宗，历代的苏州人也因袭了不敢数典忘祖的传统，因此仍十分重视他们带来的历法。

其次，是一种精神上的祭拜祖宗。在这一天，家家都要挂喜神像（即祖先画像），祭拜祖先；小辈还要穿上新衣到长辈处拜谒，称"贺节""贺冬""拜冬"，一切礼仪都和过年一样。祭拜祖先，是民间极为隆重和虔诚的仪式，据说祭祀时间长达两三个小时。所以，在这个庄严的节日里，家人一律都要归家，先用丰盛菜肴祭祀祖宗，这种祭祀过祖宗的菜肴，从情感上说是祖宗享用过的，重新热过后再摆上桌子，供全家享用，称为"吃团圆宴"，除了看得见的人，大人孩子心知肚明，还有看不见的魂灵在餐桌边。

再次，在《清嘉录》一书中还有表述：徐崧、张大纯《百城烟水》及江、震《志》亦皆云："冬至驰贺，一如元日之仪。"长、元、吴《志》则皆载："冬至，尊长处贺节。"《昆新合志》载："冬至日，士大夫家拜尊长如正旦，而不及于庶民之家。"正是这句"不及于庶民之

家",让我这个外地来苏者,从市民的文化心理上窥见了为何苏州人如此看重冬至的一缕缝隙。

在我这个客居苏州近三十年的外地人看来,苏州人是很看重面子的,比如选择同在观前街的两家店里工作,一家是百货店,一家是书店,哪怕书店的收入略低,活也未必轻,更多的人也愿意选择书店的工作而放弃百货店的工作。这样,与外人说起来毕竟是与书打交道,离文明更近,就会带来很强的虚荣心的满足。冬至日不是只有士大夫们看重而庶民不看重吗?在这一点上,反倒是做了提醒,苏州人几乎所有士大夫和庶民,都会毫不犹豫、不约而同地将自己看成是士大夫家庭。即便眼下不是了,那也想当然地认为祖上一定是。即便祖上和眼下都不是了,也充满自信地认定将来的后人一定是。所以,苏州人看重这个节日,这个身外世界和心灵世界联通的节日,自然界中寒风嗖嗖,吴门人的内心则是阳光朗照。

另外,特别挑冬酿酒和馄饨出来再说说。

苏州自古有句俗话:冬至不喝冬阳酒是要冻一夜的。当代商人套用并充分发挥了这句俗语,把冬阳改成了冬酿,以获得最大的经济效益和品牌效应,于是,也就有了冬酿酒的说法。旧时苏州的冬阳酒,是因为跨过冬至门槛后阳气会上升而得名。由于宋代以后浙江东阳当地的酿酒名声远播,加上元代马致远的《拨不断》云:"菊花开,正归来。伴虎西僧、鹤林友、龙山客;似杜工部、陶渊明、李太白;有洞庭柑、东阳酒、西湖蟹。"到了明代,李时珍的《本草纲目》又云"东阳酒,常饮、入药俱良",才把两种不同的概念混淆了。于是今人才看到古代吴地文人常作"冬阳酒",其他地区文人常写为"东阳酒"。被日军占领后,民间又常作"东洋酒"(误以为是日本酒)。一直到近年,商家从蔡云《吴歈》"冬酿名高十月白,请看柴帚挂当檐。一时佐酒论风味,不爱团脐只爱尖"中发掘出"冬酿"两字,这酒的名字遂固定下来。

至于冬至日为何要吃馄饨,苏州民俗学会饮食文化研究会的秘书长沙佩智女士是这样解释的,她说,我国通行的是"北方吃饺子,南方煮汤圆"的做法,但老苏州人吃的却是馄饨,"冬至馄饨夏至面"。她认为古人有"天圆地方"之说,在苏州人看来,方方的馄饨皮代表着地,中间包的馅就是天,包在一起是"天地相依、天地相融"。正应了"天地混沌如鸡子,盘古生其中,万八千岁,天地开辟,阳清为天,阴浊为地"(《三王历纪》)的"混沌世界"说法,苏州人冬至夜吃"馄饨",寓意为吃掉"混沌世界",让世界变得神清气爽,更加美好。

送灶神

送灶神是中国人共同的传统民俗,但各地又同中有异,值得比较着分辨。

苏州的腊月二十四送灶神,有一个供奉和谒拜财神的活动,特别是在农村,这一活动历久不衰。

传说中的财神有专职财神和偏财神、兼职财神三种。专职文财神有比干、范蠡,武财神是赵公明、关公,偏财神有五路神、五显财神、利市仙宫、招财童子、吉祥天女、进宝力士、和合二仙、金元七总管,兼职财神就是被千家万户尊崇谒拜的灶神了。

灶神,就是家里煮饭炒菜的灶的神。传说中的灶神有着悠久的历史。翻开人类的史册,自从人类从直立行走开始至脱离茹毛饮血,发明火烤烧食物以后,随着社会和生产力的发展,凡有家庭的,家家都有砌灶点燃柴火或煤炭煮熟食的习惯。从此,灶逐渐与人类生活密切相关。千百年来,灶的形状变化随着时代的发展而发展,南方和北方、东部和西部的灶又各式各样,灶有大有小,有高有低,凡有灶的地方,就有了人们传说中的灶神。

传说中,灶神不但是每家每户的保护神,同时还是监督神,他不仅能调遣神兵驱逐恶魔,还能管理地方上的土地神,真是一尊神通广大的神。相传古时候有一户杨姓人家,对灶神非常尊敬。有一天夜里,山林里有一只虎肚子饿了,带着几个恶鬼要扑吃杨家的儿子。危急之时,灶神挺身而出,不仅把老虎和恶鬼全部驱赶走,而且找来了土地神,把他训斥了一顿,斥他守宅不严,吓得土地神谢罪而退。而另一种说法不同,说是古代有个叫阴子方的人,从小家里就很穷,但他十分勤劳,靠自己的双手养家。一个腊日的早晨,他在吃早饭时,忽见灶神在他眼前面露微笑。从此以后,他凡事如意,发了大财。直到三辈后家庭人丁仍很兴旺。这些故事一传十,十传百,在过去科学不发达的年代,人们更是信之至深,便对灶神更加肃然起敬了。

传说中的灶神还会时时观察着家里人的言行举止等,谁如果想动歪脑筋,在外面搞恶作剧,或者做出损害他人名誉、侵犯他人人格以及不规或非礼行为,灶神会很快收集情报向

天帝汇报，控告他的罪状，甚至责罚并没收他的财富，让他倾家荡产。故在人们心目中，灶神是天帝选派在人间的督察使。得罪了灶神不仅会失财，还会招来横祸、减少寿命。所以人们懂得了做人不仅要守规矩，而且要争取做一个好人，与人为善，不做坏人。灶神也被传为万能的福神，他能帮助家人治病。如果谁家小孩在外吓着了夜不能寝，点一炷香在灶神前求一遍，据说小孩就会平平安安。谁家的孩子成了夜啼郎，只要在灶神前许个愿，据说小孩夜间就不哭了。因此，在农村里，尊敬灶神和祭灶神成了每家每户每年必不可少的一件重要事情。每逢腊月二十三夜晚，特别是在农村，家家户户都要有个送灶神上天宫的仪式。这时，久婚不孕的妇女也会来到灶前跪拜，托他从天帝那儿带个胖小子回来，就像人们在观音菩萨面前求子一样。送灶时，人们还要在灶前烧纸马和用锡纸折好的元宝，寓意是请灶神爷早一点骑上快马，带上银子去天宫感谢天帝的恩赐。主人家在灶前一边烧，一边还要讲上几句美美的话。大意是：本家一年来总会或多或少有不足之处，敬请灶神爷多向天帝说好话，以求来年平安得福之类的话。

　　送走灶神后家家又要开始准备做迎接灶神的工作。如把高大的或者矮小的土灶打扫一遍，用石灰浆水或涂料刷一遍，有的人家还会请人重新画上各种彩色的图案，有的画鲤鱼跳龙门，有的画万马奔腾，有的画牡丹花开，有的画葡萄熟了，有的画美丽山水，把灶美化一番，这实际上是一种迎接新年除旧岁的大扫除。到了农历腊月三十这一天，家家户户会在灶的上角贴上新买的红光满面的灶神图像。生活贫困的人家如果买不起灶神爷的图像，也会用剪好的红纸贴上去。有的还请人写上一个"福"字。夜晚是接灶神从天帝返回的时候，人们在装扮一新的灶上点上香烛和元宝，迎接他顺利归来。

　　祭灶之夜，灶上不仅点香烛，还要摆上供品，包括瓜果、糖和芝麻糕点等。除此之外，灶头上还可根据家庭生活情况，量力而行地供上鱼、鸡、鸭、猪、牛、羊肉，多少不限，只要有就行。有的还配上酒水等。这些东西组合起来全是好彩头，比如芝麻和糕点合在一起，就表示芝麻开花节节高；鱼则表示年年有余。祭灶时，家人要恭恭敬敬，不能随便说笑。男子还要向灶神爷叩头行礼。迎接灶神后便是每天早晨的供奉，灶上放着用糯米粉做成的小汤圆，以及水果、糖、花生等，一直到正月初五人们迎完所有的财神为止。这就是送灶与迎灶的全过程。

这样送灶神和迎灶神的过程，估计没有多少人信以为真；但在这个过程中，人们至少与前人有了某种联系，前人是这样做的，前人的前人也是这样做的，一种若有若无的乡愁环绕身边，增添了节日的仪式感，也增添了节日的欢愉和后人的缅怀。

中国风俗图志·苏州卷

溢美只须(需)三两句　赏心不厌百千枝

第四章 江南风雅

苏州人很勤劳，但也很会享受，用大白话说就是"好吃不懒做"。苏州文化最显著的特点是精致。为什么要做得这么精致？书画、刺绣、园林、菜肴、木刻、玉雕、唱腔、语调……都要精致了再精致，为的就是自己或自己喜欢的人看了、听了感觉喜悦，摸过、踏过感觉舒服，舌尖品尝之后能让味蕾"眉飞色舞"！

"一丝春向寒中酿"

苏州人之所以风雅，既有代代相传的传统方面的原因，又与当地诸多山川风物有关。譬如，去玄墓山赏梅就是吴中千百年来长盛不衰的风雅事。

玄墓山位于邓尉山的西南面，与邓尉山相连不断，属于同一山系。东晋时青州刺史郁泰玄隐居于此，死后即被葬于此，玄墓山因此得名。玄墓山地势绝佳，环境优美，背倚连绵起伏的邓尉山，左边是高隆陡峭的米堆山，右边是蜿蜒曲折的长圻山，面临碧波浩瀚的西太湖，形成一只畚箕湾，故有"玄墓势形，三龙三凤，胜绝天下"之誉。山上有古刹天寿圣恩寺，寺院规模宏大，布局精巧。山上古木参天，梅树成林，初春时，满山千顷一白，梅花幽香扑鼻，洁白如雪，繁花似海，故玄墓山又有"香雪海""众香国"之美名。清代沈复在《浮生六记》中写道："邓尉山，一名玄墓，西背太湖，东对锦峰，丹崖翠阁，望如图画。居人种梅为业，花开数十里，一望如积雪，故名'香雪海'。"

邓尉山是我国四大赏梅胜地之一，有"邓尉梅花甲天下"之称，过去梅花开时漫山遍野都是梅花,微风吹过,香闻数里。据《光福志》载,邓尉山里植梅为业者,十中有七。关于探梅的古诗中,也有"望衡千余家,种梅如种谷"之句,可见邓尉山里种梅树人家之多。香雪海的梅花主要包括乌梅、绿梅、红梅和白梅,其中乌梅和绿梅的数量最少,也最为珍贵。

李福《玄墓探梅歌》云:

> 雪花如掌重云障,一丝春向寒中酿。
> 春信微茫何处寻,昨宵吹到梅梢上。
> 太湖之滨小邓林,千株空作横斜状。
> 铜坑寥寂悄无踪,石壁嵯峨冷相向。
> 踏残明月锁香痕,翠羽啾啾共惆怅。
> 报道前村消息真,冲寒那顾攀层嶂。
> 玉貌惊看试半妆,霜华喜见裁新样。
> 酹酒临风各有情,小别经年道无恙。
> 此花与我宿缘多,冰雪满衿抱微尚。
> 相逢差慰一春心,空山不负骑驴访。

这首歌行体的诗,明白如话,又别有情调,其中的"一丝春向寒中酿",巧妙地写出了节令中的早春状态,春在寒冷中酝酿,也在赏梅人的心中酝酿。王士禛在《邓尉竹枝词》中写道:"二月梅花烂漫开,游人多自虎山来。新安坞畔重重树,画舫青油几日回?"就是说,除了本地人来赏梅,外地也不乏不畏迢迢路远而来赏梅者。

溢美只需三两句,赏心不厌百千枝。丰子恺前辈曾有一幅漫画,画中有题词:触目横斜千万朵,赏心只有两三枝。丰子恺的漫画,笔触寥寥:一个围围巾的读书人拄着拐杖,站在篱笆前赏一株梅花,大有孤芳自赏的意味。其画的意思是:这个世界这么大,我不贪心,不是我的我不要,是我的自然不会走脱,这满树的花枝,能与我结缘的有两三枝就知足了。谢友苏的画更多融入了今人的困惑和忧伤。似乎是明白,太多的溢美其实未必可靠,也未必真实,有那么三两句真心话,就值得终生铭记。至于赏心乐事,那是没有止境的,所谓贪得无厌、欲壑无底。

吴中赏梅的雅事传承了千百年,一代代后人跟着风俗前赴后继地跑去玄墓山、邓尉山赏梅,但能从梅花中汲取到大自然的多少晓谕,那就只能看各自的造化了。

吴中茶事

顾禄在写《贡茶》一篇时，记载了吴中名茶碧螺春成名前的趣事，总结起来，似乎不外乎两大支点：一是茶农的辛劳与材料本身的资质互相促进，二是出名离不开名人效应。

王应奎在《柳南随笔》中也记载了这个故事。说是苏州洞庭东山的碧螺峰上生长着几棵野茶树，当地人在采茶时节背着竹筐采摘回来供自己喝，这时的茶连名字都没有，也没见茶本身有什么特别之处。后来偶然有一次，采茶人因为竹筐装不下，不得已才将多余的生叶放在自己的怀中，不想生叶得到人体的热度，散发出一种特殊的香气，惊呆了采茶人，都争相大喊"吓杀人香"。"吓杀人"是吴地方言，意为让人非常吃惊，于是，他们干脆就用这个"吓杀人香"来命名这个茶叶。从此以后，每年到采茶的时节，当地男女老幼一齐上阵，而且都要洗澡更换干净衣服，并且不再用竹筐来装生叶，而是将其全部放在怀里，回家炒制香茶。这说的是第一点。

接着，第二点来了。这个给"吓杀人香"带来名人效应的人是清代康熙皇帝。康熙乙卯年（1675），他南巡到苏州，喝了当地敬给他的茶，觉得真的是好茶，但名字太不雅，于是将其改名为"碧螺春"。这名字水灵灵的，的确不错，与这款好茶非常匹配。

这款贡茶从此名满天下。

苏州的自然气候适宜茶叶的生长，再加上好的炒茶方法，自然就有好茶诞生。如今，货真价实的碧螺春都要好几千元一斤，买来自己享用不实惠，不如选择低一个档次的炒青，价格不过前者的十分之一，味道也相当不错，而且耐泡。

苏州除了出好茶，茶馆也是很有特色的。苏州人喜欢泡在茶馆里，边喝茶边听评弹，同时跟着评弹里的唱腔摇头晃脑，神气十足。

茶馆里还是一个独特的小天地。取名"茶会"的这幅画就跳出了茶馆，展现了茶馆外的大世界。

画家在画上有一段说明：据史料记载，茶馆是我国最早的股票交易场所，其交易大凡是在亲戚朋友及同乡之间进行，谓之"茶会"。初闻顿觉有趣，一时兴至，拙笔成画，岂不快哉！

茶馆这个舞台是作家们所钟爱的，不仅许多名家在作品中对茶馆多有描写，有的作家干脆在一篇作品中完全聚焦一家茶馆。现代文学一般都会讲到的，就有四川作家沙汀的短篇名作《在其香居茶馆里》。其中情节大都忘记了，记得有一个重要人物叫什么"邢幺吵吵"

中国风俗图志·苏州卷

茶会

的，好玩得很。而著名剧作家老舍的《茶馆》更是话剧舞台上的经典，是一代又一代话剧演员不断展示自己才华的重要载体。苏州作家陆文夫也是爱茶成癖，他在自己的作品中对茶有诸多的描写。一些与他有交往的同行在写怀念他的文章时，也会写到他对茶的感情：一同出访国外，在宾馆里，他喝不惯人家提供的优质饮用矿泉水，要做的第一件事是找烧开水的壶，偏巧人家宾馆里不提供这个烧水的壶，可是难为茶瘾大的陆先生了。在这个过程中，延伸到了国外的茶平台，陆先生一不留神成了舞台中的苏派名角色。我总觉得出国的陆先生端着放有茶叶的空杯子找开水的形象好玩，他团团转着，没法如他写小说那样左右逢源，没有开水的碧螺春，再名贵，也是脱了水的鱼儿。我想，陆先生当时也许会嘀咕吧，"什么外国的月亮圆，比苏州的差远了嘛，茶都没法泡一盅"。一旁同往的作家朋友呢，大多是同情却爱莫能助的，也不排除个别人在善意地"幸灾乐祸"："陆苏州啊陆苏州，离开你红尘中一二等的风流富贵地，你就没法滋润了吧，冷水泡不开你的茶，更别说你朱自冶那碗神乎其神的头汤面了，哈哈。"

陆文夫在国外宾馆里泡茶遇阻的尴尬细节，倒是可以让读者品出茶外之味。

苏州现在还有不少茶馆，但都一步步变高档了，与陆文夫笔下的茶馆不是一个味儿，倒是更见精致了，只是没有了那种老虎灶中煮出来的味道。只有老茶馆，才更大的舞台，才能展示红尘中的精彩或者无奈。看谢友苏先生的这幅画，一群茶客，在品着盖碗茶的同时，听人讲股票的事儿。画是以画面来说事的，几个人物特别有神采，但见那个肥头大耳的家伙在向人兜售一只什么股票，一番天花乱坠后，将茶客牢牢吸引住了，勾起了发财梦；但谁知道他葫芦中卖的是什么药？也许啊，听信了他的大忽悠，想发财的人就成了笼中的鸟儿，插翅也难飞了。股市，呵呵，股市多少发财梦，骑上白马不放松，无奈螳螂后有雀，几人暴富几人穷。

有道是"黄鹤楼上看帆船"，那是最精彩不过的事儿；但很多人没有那么高的楼台可登，不如就退而求其次，看看这小小的茶馆，甚至可以设想着置身其间，也掀起茶碗盖，眯眼咂一口，这茶可是能喝出万般滋味的。

中国风俗图志·苏州卷

谈笑有鸿儒　往来无白丁

吴门腔调

吴门书画家与外地书画家就是不大相同，这不同体现在雅集清谈中，体现在相聚品茗时。有人可能不以为然：物以类聚，哪里的书画家都爱圈内相聚啊，这哪里还分得出吴门的独特来？不一样，不一样，外地的书画家太朴实，尤其是西北内陆地区的，如有些书画家腹有大才，但外表看起来像地道的农民。这里不含任何褒贬成分，不过是谈论客观存在的现象。你看西安的著名作家贾平凹，文曲星一样的人物，多少人拜倒在其笔下，而且他在书画方面无师自通，画有味，字有味，还到苏州办过书画展，轰动一时。但他的外表呢，极为朴实，不熟悉他的人，根本不相信他就是大名鼎鼎的贾平凹。而且，他从来不屑于在行为上改变自己、美化自己。我前不久与他一起开会，在同一桌上吃饭，看见他吃馒头——小小金砖一样的小馒头，完全是筷子夹了蘸炼乳吃的，一口一个——他老兄呢，还像关中老农民一样，拿着馒头揪下一小块，塞进嘴里，吃一口疙瘩咸菜，呼噜噜喝一大口粥，就差没有圪蹴着蹲到凳子上了。他也一向以自己如老农民而自豪。

吴门书画家呢，几乎都是"表里如一"的，笔头活好，身上的气质气度也不落半步，一个个派头十足，儒雅外露，似乎自觉不自觉地在践行行为艺术。

请看——环抱双臂有环抱双臂的架势，手握烟斗有手握烟斗的"范儿"，至于夹香烟者的器宇轩昂，擦眼镜者的厚道持重，还有那尖唇啜出碧螺春味道的腔调，都是传神三分的。最好玩者当然是跷着二郎腿给画中寿星续茶的人，那坐姿，那手型，抿嘴不出一言却尽得风流！似乎在说：这茶味道不错，真不错！

"尚劳点缀贺花神"

苏州人爱养花，顾禄在《清嘉录》中写道："珠兰、茉莉花，来自他省。熏风欲拂，已毕集于山塘花肆。茶叶铺买以为配茶之用者，珠兰辄取其子，号为'撇梗'；茉莉花则去蒂衡值，号为'打爪花'。花蕊之连蒂者，专供妇女簪戴。虎丘花农盛以马头篮，沿门叫鬻，谓之'戴花'。零红碎绿，五色鲜浓，四时照映于市，不独此二花也。至于春之玫瑰、膏子花，夏之白荷花，秋之木犀米，为居人和糖、春膏、酿酒、钓露诸般之需。百花之和本卖者，辄举其器，号为'盆景'。折枝为瓶洗赏玩者，俗呼'供花'。"由此可见其规模之大。

中国风俗图志·苏州卷

晨露

《虎阜志》也有记载，虎丘山东有花园巷，花园人皆种奇花异卉售人，遂成花市。贩花船只停泊在山塘街边，留园之后即为花埠，故留园别称"花埠小筑"。明清时花市所售牡丹、茉莉仅供欣赏，清末后虎丘花农大量种植茉莉、玳玳与珠兰供茶厂制作花茶。茶味、花香相得益彰，苏州的花茶源起甚深。

虎丘人素爱盆景栽花，此种风气在苏州自古很盛。

明清时期，山塘、虎丘一带曾经立有四座花神庙。花神庙最热闹的日子要属农历二月十二了。传说这一天是百花生日，又名花朝。在这一日里，苏州人要剪五彩绸条，粘贴花枝，谓之"赏红"。花农们则虔诚地到花神庙为花神庆祝生辰，焚香祈福，然后送礼钱、吃寿酒。至夜，人人手提花灯，抬着花神像巡游山塘、虎丘，沿途戏台"演戏酬神，直到曙色初露才尽兴而归"。蔡云《吴歈》云："提筐唱彻晚凉天，暗麝生香鱼子圆。帘下有人新出浴，玉尖亲数一花钱。"并且意犹未尽，再咏一首："百花生日是良辰，未到花朝一半春。红紫万千披锦绣，尚劳点缀贺花神。"

古代的花市集中在虎丘。如今，虎丘依然有花市，但市区最见规模、最集中的花市，还是在皮市街花鸟市场。从这里批发的花卉，奔赴市民家的阳台，使今人得以呼应古人养花的雅兴。

我们在这里看到了日常的苏州。祖孙俩在夏日的阳台上浇花。浇花的老汉上身着圆领短汗衫，下身穿短裤。跟在他身后的是有样学样举着小喷水壶浇花的孙女，穿的是连衣裙。喷水壶上的水珠落在花叶上，就像早晨的露珠一样。老汉神情愉悦地浇花，对他的身体大有裨益，他本身就像一个神气活现的老梅桩或老柏桩，在家庭与社会的雨露滋润下，老当益壮。他在为花卉浇水，也是在为他自己"浇水"，滋润其本身。身后花枝招展的小孙女，也从小爱劳动，爱大自然，她更像是一棵可爱的苗苗，在家庭风气的熏陶之下茁壮成长。培养她成长的，不仅仅是她和爷爷手中的喷水壶，更重要的是爷爷这滴能现身说法的"老露"。家有一老，如有一宝，一个情调高雅、少埋怨多干活的老者，对孙辈的教益不可估量。父母是自然界的阳光雨露；爷爷奶奶辈呢，就是在高温夏日里提供充足水源的"晨露"。

名城苏州，从遥远的未来看过来，这座城本身也有如一滴饱满的晨露。

中国风俗图志·苏州卷

远书珍重细细读　新茶入味慢慢品

新茶入味慢慢品

这幅品茶读家书的画，画家在画中题了两句诗："远书珍重细细读，新茶入味慢慢品。"这是一副工整的七言对子，上下联都很好，有味道。苏州有座宋代园林沧浪亭，门前的对联是名联，上联出自欧阳修的诗《沧浪亭》中的一句叹惋：清风明月本无价，可惜只卖四万钱；后人挑出其中之一，嫁接了园主苏舜钦的《过苏州》诗句"近水远山皆有情"对上去，"清风明月本无价，近水远山皆有情"，居然成了珠联璧合的好联！其对仗之精妙、意境之美妙，人见人赞，是苏州园林的佳话之一。茶值得品，家书值得品，而品茶与品家书的画更值得品！

这幅画原本旨在画居家情景，但仍然有园林味儿，老两口背后的古树幽篁，郁郁葱葱。画中还有口古井。他们品着新茶，读着远方的来信，怡然自乐。这个远方可以是空间的，是远方的子女的来信；其实也可以是时间的，当年，他们在青葱岁月时，也这样鸿雁传书过吧？这书也太远了，正因为远，才珍贵，才要细细读，读了再读。如今，他们读着听着，也许就忽然想起了当年，恍惚回到了当年，这远书，这新茶，岂不是滋味绵长、情意绵长？

苏州是个出好茶的地方，好茶名叫碧螺春，是清代的康熙皇帝御赐的名称。茶是天下文化人的爱物，种类繁多，各有各的好。十大名茶或二十大名茶都不乏追慕者，沱茶、茯茶、乌龙茶、普洱茶也都各有各的独特魅力，不存在高下优劣之分。但对于吴人来说，他们当然是将春天最早滋养人们舌尖味蕾的茶类进行比较，太湖洞庭山的碧螺春无疑是最佳的，没有之一。笔者在不少场合说自己不喝碧螺春，只喝炒青，其实是喝不起，感觉碧螺春性价比不高。再就是感觉自己是凡夫俗子，不配享用碧螺春。如同记忆中的初恋，面对那个她，未及开口已经掌心冒汗、舌尖打结，自卑是堵比天高的墙，最后成了一生的隐痛和念想。如果抱定"宁食仙桃一口，舍去凡杏一车"的决绝，那么，每年面对早春明前碧螺春时，咱也奢侈一把，喝个一两杯？茶至三开，不等茶味完全淡下去，就将茶叶全部嚼食、吞咽，一点都不浪费，也算不负对其的仰慕。一方水土养一方茶，在一个最美丽的时刻遇见最美丽的地方以及最美丽的早春一芽，万千宠爱于一身，造就了这碧螺春的超凡脱俗。

这样一来就可断定，这老两口壶中之茶必定为碧螺春。

中国风俗图志·苏州卷

蛰居草丛无人识　一朝落盆可称王

千年斗蟋，遗风犹在

每年稍见秋凉时，在苏州老街巷尾总能看见玩蟋蟀的人。"斗蟋蟀"比赛兴于唐宋而盛于明清，在苏州已有1000多年的历史。

根据苏州市蟋蟀协会的不完全统计，目前协会有会员300余人，但苏州民间玩蟋蟀的人数超过3万人。苏州每年都会筹备各类蟋蟀大赛，场次在6场至7场之间。

一只小小的蟋蟀何以让人如此痴迷？有媒体称，吸引众多蟋蟀玩家的，除了斗蟋蟀的乐趣，还有其背后令人咋舌的财富链条。

那么，究竟是什么让蟋蟀玩家欲罢不能呢？走进皮市街花鸟鱼虫市场，在蟋蟀一角，不时可看见有人挎着小包、捧着罐子走进走出。在这儿进进出出的人，不是卖蟋蟀的，就是买蟋蟀的。一般的蟋蟀，商贩开价为每只500元，买的人开始七嘴八舌地砍价。买蟋蟀和卖蟋蟀的人，上海、山东、天津、安徽都有，外地人一般以卖家为主，本地人是最主要的买主。

据皮市街花鸟鱼虫市场旁的一家小宾馆老板介绍，蟋蟀客商最集中出现的时间是每年8月到11月，仅这三个月，一个小小商铺基本能赚六七万元，有时一只蟋蟀就能卖出5位数的天价来。

蟋蟀也叫蛐蛐，因为鸣叫时在秋天，声音如织布时的投梭声，提醒农妇冬天快到，应该织布了，所以又名"促织"，民间因此有"促织鸣，懒妇惊"之谚。每当夏去秋来，黄叶随秋风飘落，蟋蟀们时断时续略带颤音的鸣声总是令人顿生韶华不再、已至迟暮之感，是无数文人骚客吟咏秋思的寄情之物。袁景澜的《吴郡岁华纪丽》中有"促织鸣壁"的记载，书中还记载了当时苏州有人笼养蟋蟀，"闭置枕函，卧听其鸣"。

但是，在明清时期的苏州，大多数人驯养蟋蟀不是为了听蟋蟀的鸣叫声，而是斗蟋蟀赌博。当时苏州是全国的斗蟋蟀中心，上至达官贵人，下至贩夫走卒，都热衷于此。不少资料都记载斗蟋蟀已经成为当时苏州声势浩大的民俗活动。这种在白露前后驯养蟋蟀以为赌斗之乐的游戏，有一个专门的称呼，叫作"秋兴"。

据袁景澜的记载，到了七八月，苏州城内外有不少闲人提着竹筒、过笼、铜丝罩等捉蟋蟀的工具，在田野丛草处或者断墙颓屋间、砖瓮土石堆叠中，侧耳倾听，好像在找什么丢失的东西一样。如果听到有蟋蟀叫，就四处找蟋蟀洞穴，用尖草挑或者用水灌洞，等蟋蟀出来后就将其捉住。如果蟋蟀的颜色、体形都不错的话，就带回家中驯养。养蟋蟀是一件十分精

细的事情,要喂蟋蟀吃、帮蟋蟀洗澡,如果蟋蟀病了还要找人医治,只有这样才能把蟋蟀驯养好。当时人感叹道:"人子之事其亲,无是周也。"就是说,对蟋蟀比服侍自己的亲爸妈还周到。在驯养的过程中,要摸清该蟋蟀的习性和能力,等到驯养健壮后就把它盛在瓦盆里,用粟米养着,称蟋蟀为将军,准备带它去斗场决斗,行话叫作"开册"。到了斗场后,每人分别拿出自己的蟋蟀来,放到特用的笼里量出它们的身材大小。只有身材大小相称、体色合适,才可以让它们决斗。先用一根特别的草把蟋蟀的凶性逗起来,这根草叫作"坚草"。两方辨认颜色,或红或绿,叫作"标头"。台上台下的人赌双方蟋蟀的胜负,叫作"贴标"。赌时要分筹码,以一百二十文钱为一花,有钱的人用千百个花赌也不在乎。蟋蟀斗胜了,那么主人也就赌胜了。斗胜的蟋蟀大声鸣叫,报告自己的主人,斗输了的蟋蟀是从来不会对着主人鸣叫的,由此可见,蟋蟀也是极聪明和知趣的。

苏州人喜欢玩,说玩是"白相",有些白相人就非常痴迷白相蟋蟀。不知道吴语为何称玩耍为白相,望文生义或许能有许多空间,这里不展开了。

会白相的苏州人对蟋蟀情有独钟,看看,至今还有个什么"蟋蟀协会",而且人数还不少,都是白相蟋蟀的高手。外地哪里听说过有这样的协会?据说,苏州把蟋蟀们大展拳脚的"斗兽场"叫作蟋蟀罐,也叫"蟋蟀盆",还对其做出了很出名的大文章。有个名家的泥陶罐子,其价格那可是让人咋舌,而且还入了"非遗"。

蟋蟀人文,最有名的大约是蒲松龄的《聊斋志异》。

请看看我们今天的画,取材自苏州人的白相蟋蟀。友苏先生在画中有题词:蛰居草丛无人识,一朝落盆可称王。这说的自然是蟋蟀们的命运。也就是说,在白相蟋蟀的高手中,就有像能相中千里马的伯乐一样相蟋蟀的伯乐。这个伯乐相了蟋蟀,可不是白白地相啊,是可以让其成为"千里蟋蟀"的啊。这里说的是蟋蟀,似乎又不仅仅是说蟋蟀。在草丛中,蟋蟀是一只丑陋的虫儿,一旦被选中,虫儿虽还是那只虫儿,但更是被捧着、宠着的宝贝大王了,能卖出大价钱来。

但白相是玩的意思,我们不必往宏题大旨上扯。有人愿意由虫思人,那是自己的自由。画中,各具情态的人物最好白相,"老幼同乐"是一句很普通的话,画家让人观画与画中老幼一同乐,甚至比他们还要乐。你看那撩拨蟋蟀者观战的架势,那个小心翼翼揭开罐子盖儿的老角色,偷偷往里瞄一眼的自得,何其传神,分明是老顽童一个。而光屁股的顽童,不经意间大走其光,一个鲜活的屁股蛋不由分说地照亮了画里画外人的童年归乡路,令人回到无忧无虑、没脸没皮的快乐岁月。

这就是民俗的魅力。

一朝落盆的"盆"字也十分好,孕妇生产,就叫临盆。

唤黄雀

"八九月间,弋人罗黄雀立铁竿颠,教之衔旗啄铃为戏。畜养既驯,放之能复飞回,谓之'唤黄雀'。"这是顾禄写苏州养鸟人的,并引用了家绍先的一首题为《唤黄雀》的诗:"顽童忘日短,教诲不嫌忙。呼叱凭铃铎,舒徐饱稻粱。但成傀儡戏,不学凤凰翔。勖汝多机巧,冲飞入上方。"诗人反对孩子过于贪玩,认为玩物丧志,所以劝说孩子不要玩这个东西,不要玩鸟,要有远大的志向,要有鸿鹄之志,像凤凰一样,冲天而起,一鸣惊人。

这位诗人如果活在今天,想必又会因孩子们痴迷于电子游戏而忧心忡忡吧?

吴人好玩鸟的风俗源远流长,没有人鼓励和遴选推举传承人,后人照样无师自通,青出于蓝。

人与鸟的关系,一般说来是鸟学人。所谓"鹦鹉学舌",就是鹦鹉学人说话,以逗人为乐。但有时也会反过来,人反而跟着鸟学。学什么?学它们开发自己的天分,给主人带来愉悦。这样说来,人关鸟入笼子,将鸟当作宠物,原本是用来给自己取乐的,要要自己好为人师的天性,教笨鸟说话。鸟一笨,倒真的反衬出人的聪明:鸟儿学主人说话,主人说什么,鸟儿说什么,主人就高兴。

常言道:一句话好了人,一句话恼了人。这真是有道理的。这个关乎人的智商,更关乎人的情商。我们不妨向鸟儿学习吧,让我们周围都和谐起来,笑面就会相应多起来。

花鸟虫鱼

花鸟虫鱼古往今来都是苏州人的好朋友。不信,问问挑担沿街叫卖的果农,他们担头那一大串黄澄澄的苦瓜是干什么的。这苦瓜肯定过了用来炒鸡蛋、炒肉片的时候,尽管"老迈色不衰"甚至是"老来俏",但炒来吃肯定是不行了。那么,把这些苦瓜放在担头干什么?有些

中国风俗图志·苏州卷

谐鸣声声入耳 好话句句中听

人会告诉你,那是苏州会白相的人们买去喂养金铃子这类宝贝的食物。金铃子是一种虫,将它放在盒子里,藏进怀中,即便在冬天,它也能演奏出美妙的音乐来。

岳飞是武将,但一首《满江红·怒放冲冠》又让人领略了他的文采,他的仰天长啸,他的激烈壮怀。殊不知他也有缠绵悱恻的好词,如那首《小重山》:"昨夜寒蛩不住鸣,惊回千里梦,已三更。起来独自绕阶行。人悄悄,帘外月胧明。白首为功名,旧山松竹老,阻归程。欲将心事付瑶琴,知音少,弦断有谁听。"我们当然不能由他的这首词写蛩鸣而推断他也是爱虫之人,但可以肯定的是,他是个能欣赏天籁者。而且,该词收笔处的"欲将心事付瑶琴,知音少,弦断有谁听"应该也与开篇的蛩鸣有关系。虫声唧唧,惊梦千里,它们有知音吗?它们也会弹瑶琴吗?人无知音,弦断无人听,杜鹃啼血亦枉然,孤单是多么可怕啊。

苏州人中大有花鸟虫鱼的知音,苏州人爱花鸟虫鱼,请看这幅题为《路遇》的画,即便是素昧平生的路人,看到对方手中拎笼,笼中有鸟,他们也能很自然地搭讪对话。而且,话不过三句,一定会扯到自己家中的笼中宠物,一般不会比对方的差,"雏凤清于老凤声",他们家中的鸟恐怕不仅仅是"清"的问题,还有为人所惊叹的聪明乖巧。这话匣子一打开,个人的不开心就少了,少至于无;而开心事就多了,多至于无可复加。

这也是养鸟的附加值之一。

只是这个功劳其实应该归结到笼中的鸟儿身上。你喂其食物,它让你开心。并且,此风俗不仅苏州有,天南地北的许多其他地方也有。

养叫哥哥

苏州人有养叫哥哥的喜好。北方称这种晚上叫的虫为蝈蝈。

"秋深,笼养蝈蝈,俗呼为'叫哥哥',听鸣声为玩。藏怀中,或饲以丹砂,则过冬不僵。笼剜干葫芦为之,金镶玉盖,雕刻精致。"这是顾禄在《养叫哥哥》中描写的用葫芦做蝈蝈笼、冬天养蝈蝈的记录。顾禄在《桐桥倚棹录》中也详述了"叫哥哥笼"的做法:"葫芦为笼虫之玩,从初结时在枝上即扶令端正,待其长大,然后剪下,以丝绳系之,悬风中候干,雕为万眼罗及花卉之属,中剜一窍,四旁或作四穴,各嵌象牙、骨、角、玻璃为门。喜蓄秋虫之人笼虫于内,置怀间珍玩。俗呼'叫哥哥笼'。"

中国风俗图志·苏州卷

路遇

一肥头大耳君，手拎鸟笼，回眸观望树叶上的一只鸣虫：春风夏雨匆匆过，唧唧虫鸣送秋声。

秋声在哪里？在绿去红来的一片叶之上，那一声蝉鸣在如同点名中回复"在"。古代名家吟咏蝉的佳作很多，其中唐代徐夤的《蝉》诗非常有味，兹录在此："寒鸣宁与众虫同，翼鬓緌冠岂道穷。壳蜕已从今日化，声愁何似去年中。朝催篱菊花开露，暮促庭槐叶坠风。从此最能惊赋客，计居何处转飞蓬。"有道是一叶知秋，那还是默默无闻的植物；而这植物之上再伏一只鸣唱的蝉，更是将秋天渲染得有声有色。徐夤的诗，中间两联写尽蝉的妙处，这哥们几乎就是秋天中多愁善感的歌唱家和指挥家；唱不必说了，指挥家的指挥棒还不只是指挥乐队，还指挥那大自然中依次妩媚开放的菊花和随风飘落的槐叶。

给我们留下印象的当然还是欧阳子的《秋声赋》，把"秋意"和"人生"合到一起，侧重从感悟上来写，不仅把秋声写得鲜明生动，而且从秋声中发掘出意趣和哲理，最后表现了"秋心"与"人心"的和谐统一，精当地表现了作者与自然和谐相处、自我调适的旨趣。

依稀记得我们的童年、少年、青年时代，时光飞逝，如今已白发满头，老之将至。要说没有一点点伤感，也是不真实的。但四季轮回，生命从无到有、从有到无，也是大自然的规律，不如豁达些，走过了桃红柳绿的春天和雨打荷叶的夏季，如今再从容看看金色的田野和翩翩起舞的树叶，这样的人生不是更多姿、更完整吗？

秋色如此烂漫，我们岂甘落后？让我们拥抱秋天、赞美秋天，与秋天一同获取和思考，从蝉鸣中听出欢愉。叫哥哥，叫哥哥，是我们叫鸣虫为"哥哥"，还是鸣虫在叫聆听其天籁之音者为哥哥？

斗鹌鹑与"斗鸡"

《清嘉录》记载了苏州斗鹌鹑的风俗："霜降后，斗鹌鹑角胜。标头一如斗蟋蟀之制，以十枝花为一盆，负则纳钱一贯二百。若胜，则主家什二而取。每斗一次，谓之一圈。斗必昏夜，至是畜养之徒，彩缯作袋，严寒则或有用皮套，把于袖中，以为消遣。"

这是旧时苏州人的玩乐形式，现在是没有了，完全消失了。鹌鹑只出现在菜市场，成了供市民购买的食材，是标准的"菜鸟"，价格也很便宜，比与其个头差不多的鸽子要便宜不少。

中国风俗图志·苏州卷

春风夏雨匆匆过　唧唧虫鸣送秋声

笔者曾见过鹌鹑买卖现场，都是活生生扒皮，遂掩目离去。

旧时的斗鹌鹑一为取乐，二为赌博。

现在，眼前的两个老角色居然玩起了"斗鸡"。这种游戏其实是神州大地上一度无处不风行的角逐游戏，单脚着地，另一只脚架在站立的腿上，以这只架起腿的膝盖为武器，向对方发起进攻，膝盖像冲锋陷阵的矛，也像抵御对方的盾。这样一想，这种游戏又像是"斗机"，如同飞机在空中机头对机头搏击。但二人情状更像争斗的小公鸡，还是称"斗鸡"更接近本意。

在我的记忆中，"斗鸡"的形式有单挑，也有群斗，有先单挑而后随群将掩杀过去的，大有《三国演义》中的战例风范。我记得我们那一方有一个瘸子，瘸腿给他带来因祸得福的骁勇，号称打遍天下无敌手。他是把两条腿的功力集中到了一条腿上，冲杀时有如骑着赤兔马的关云长一般快捷高效，噔噔噔几大步腾跃，对方尚未反应过来准备招架，早已被他冲了个四脚朝天。而且，他腿脚过人，奔逃起来也有千里走单骑的神采，没人能追得上他，何况他还能突然勒马杀一个回马枪，杀得追击的人人仰马翻。最厉害的是他陷入重围而面不改色，可原地打转，扫得众人纷纷败退，这时，他又成了战三英的吕布了。

其实，我们那时的"斗鸡"不完全凭身高力大，能勇则勇攻，不能勇则智取。勇可突然跳起泰山压顶，智就是猫腰立稳脚跟，等对方攻来时用一招高宠猛挑铁滑车，战法多样，比近年在电视上看到的那些白花花高大猛男的"脚斗士"强悍太多，精彩太多。可以这么说，电视上看到的这些角色不过三回合，都会被年少时代的我们挑翻在地而心服口服。

风俗中的斗鹌鹑虽已远逝，但争斗中取乐的天性依然存在。

"早上皮包水，夜来水包皮"

泡澡堂是旧时苏州人过冬的一个风俗，说法是"早上皮包水，夜来水包皮"：清晨起来"孵"茶馆，喝得一肚子水，即为"皮包水"；傍晚去澡堂泡澡，苏州方言为"氽浴"，上海话为"汏浴"，称作"水包皮"，非常形象地道出了苏州人闲适的生活方式。

泡澡与洗澡有区别。洗澡只是清洗身上的污垢，现代生活方便，澡是一年四季每天睡觉前都要洗的。还有人形成了习惯，早上起床即洗澡，洗澡后出门工作，一天浑身清爽。这种

中国风俗图志·苏州卷

重操儿时戏　减肥添乐趣

洗澡一般都是淋浴，在淋浴头下冲洗。而泡澡只在冬天，夏天所有的浴室都关门歇业。冬天泡澡要在温水池中浸泡一段时间，非冲淋，有点像"泡茶"，冷水没法泡，开水也没法快速冲泡，茶味也出不来，需要悠闲地等待，享受其中的过程。

在苏州方言里，澡堂被叫作"混堂"。不知这个"混"字怎么讲，是大家"赤诚相见"，"混"在一起泡澡，还是温水经过众人的泡，由"清"变"混（浑）"？问过不少老苏州人，都语焉不详，只好自己理解了。冬天，苏州人泡澡堂不仅是一种享受，更是一种养身之道。微烫的水包裹着皮肤，酥麻的感觉从张开的毛孔生出，一波波地沿着身体展开，像一片碧螺春在水中舒展。泡得差不多了，从大池起身，躺到旁边专门的木床上，让搓背师搓个背，顿觉通筋活血、身心温暖，深感舒泰。然后，再到休息大厅的躺椅上，来杯茶，或者让扬州师傅敲个膀捏个腿、修理修理脚指甲和脚后跟老皮。高档的地方还有评弹可听，泡澡后品茗听评弹，并随着曲调摇头晃脑，是一种真正的全身心放松。

所以有人说，苏州人会生活。

我于20世纪80年代末来到苏州，一到冬天，几乎每条街都有大众浴室，里面陈设虽然简陋，却热气腾腾，也人气腾腾，不少都是大人带孩子同往。服务生站在旁边，将顾客脱下的衣服用手上顶端安有"U"形铜叉的挑竿儿顶到空中的一个个钩子上挂好，腾下空间。洗泡完毕，再唤这些"店小二"用挑竿儿把梁上衣物一一物归原主。浴室里，苏州话中间杂着扬州话，非常有趣。

现在有些街道或社区也还有公共浴室，但格局变化了很多，趋势是档次高了，都是自己一个衣柜，是"自助餐"的格局。躺椅的档次也高了，却没有了说书先生现场说书，只能看看电视，缺少了浓浓的热气和人气，老苏州的味道淡了很多。

于是，许多人澡堂去得少了，或者在家中卫生间的浴缸泡泡，或者干脆缩小了泡的范围和部位，改为只泡泡脚。

苏州人泡脚其实也很有故事空间，可以任由想象。

苏州人在枕河的环境中，养就了水随物赋形的品格、以柔克刚的个性。其实，这也是表象，真正深入苏州，进入普通百姓家，方能真正了解苏州人悠闲中的另一面。

这幅画是一幅温馨和谐的家居图，男人在木质的四腿脚盆中泡脚，边泡脚边读书。着旗袍的娘子看看水凉了，提壶再续热水。精彩的细节出来了，男人双脚泡得红红的，那脚趾是

中国风俗图志·苏州卷

少小不学虚度日　老大方知惜寸阴

翘起的,也许还一动一动的吧;娘子只顾倒热水,嘴里似乎还在吹着热气,闲着的另一只手不自觉地翘起了兰花指。对,就是这只兰花指,透露出了很多信息——它最适合在苏绣中翩跹,或在评弹的琵琶丝线中跳动,或在水墨丹青的素宣中游走。但今天,男人泡脚时都不忘读书,娘子就心甘情愿地做乖巧小媳妇了。天下的母亲都希望自己的孩子好好读书,为了孩子读好书不惜经历各种得失。苏州的母亲更甚,两端扩展,做女儿的认为父辈或兄弟的读书事、做妻子的认为丈夫的读书事都是天下的头等大事,遇到什么都得为他们让路。从中提炼,就有了"崇文重教"这样的城市精神。苏州这座书香城市的精神,可谓源远流长。

这是一幅能为苏州男人挽回颜面的画,标题也许可以叫"苏州男子汉宣言"?苏州男人不及北方汉子那么大老爷们,他们在外面忙过了,在家里也绝对不肯闲着,烧饭、洗衣水平高超,还要嘴里说着吴侬软语讨好妻儿,似乎没有多少阳刚气。其实,万事不可能一律,看看这幅画,读书时的苏州男人是不是也很"拽"?

城隍庙中供大神

城隍是神话中守卫城池的保护神。中国古代的城市一般用土来筑城墙,城墙的四周都挖有护城的堑壕,有水的称池,没水的称隍。所以这种护城的壕沟就叫"隍"。据史书记载,城隍神信仰在南北朝时期已经兴起,梁武陵王时,某地乡民在筹祭城隍时,突然间蹿出一条红色的蛇,绕着牺牛不去。由这段记载可知,梁时祭祀城隍在中国南方已见于史书。及至隋唐一统天下,初因祭祀城隍的风俗仅流行于江南一带,故于唐初尚未被列入祀典。但是中唐以后,各州郡相继设立城隍祠,可见此时的城隍信仰已逐渐发展成了全国性的信仰。

冬至是一个非常重要的日子。自古便有"冬至一阳生"的说法,意思是从冬至这天开始,不断生长的阴气终于达到顶峰,阳气也终于停止了销蚀,就要回升了。冬至则是那个阴阳交割的临界点。这也是冬至成为历法上重要节气的原因之一。这便是天地间的微妙,同时也验证了物极必反、盛极而衰的天道。苏州人民在冬至这天,会在苏州城隍庙,根据传统仪式举行"冬至祭祖法会",祈求祖恩彼泽、福生无量。

城隍作为中国民间文化中人们普遍崇祀的重要神祇之一,大多由有功于地方民众的名

中国风俗图志·苏州卷

人前常带三分醉　屋后闲来一局棋

臣、英雄充当，是中国民间信奉的守护城池之神。如四川缙云县城隍就是缙云县首任知县李阳冰，浙江绍兴城隍庙则供有功于民的庞玉大将，宁化城隍庙城隍为巫罗俊，广州城隍爷是五代十国时的南汉国皇帝刘䶮。也有"廉洁奉公，拥政爱民"的清官充当城隍的，如杭州城隍周新，明成祖即位时任监察御史，他对贵戚多有弹劾，令贵戚震惧，当时被视为冷面寒铁，曾任浙江按察史；又如北京地区的明朝一代忠良杨继盛、安徽青阳城隍庙供奉的清官海瑞。苏州城隍庙供奉的是战国时代的春申君黄歇，他因合纵抗秦有功，被楚王封为大将军及万户侯。

春申君黄歇之于苏州，可能还远远不止于这么简单。

春申君是一个非常有故事的人。

春申君为战国时代的风云人物。他也出身楚国，与前面说的伍子胥是同乡，比伍子胥晚出生了两百多年。春申君本名黄歇，在楚考烈王时期，位至楚国令尹，就是相国，一人之下，万人之上，执掌一国之权柄，对内主持国事，对外主持战争，也就是总揽军政大权。他被赐地淮北十二县，后改赐江东，就是现在的太湖流域，包括江浙和上海一带的长三角，在此多有建树，让后人缅怀两千多年。

春申君黄歇绝对是大才，博学广闻，尤其能言善辩。我总觉得罗贯中笔下塑造的诸葛亮在"隆中对"和"舌战群儒"等场合，有黄歇才情勃发、巧舌如簧的影子。或者说是诸葛亮本人在青年时代求学中，就曾以黄歇为楷模，学他的眼观八方、胸装天下、临危不乱、所向披靡。黄歇为楚相期间施仁政、重农商、强兵革，功绩卓著，与齐国孟尝君、赵国平原君、魏国信陵君并称战国"四君子"。可惜的是，公元前238年，楚考烈王去世后，黄歇过于仁厚，不防门客，被自己曾经豢养的门客李园谋害。一同被杀的还有他庞大的家族。黄歇死后葬于安徽省淮南市谢家集区李郢孜镇境内。

太史公司马迁在《史记》中专为黄歇作传，给予的地位不可谓不高。而且，在写了他纵横天下的传奇和令人叹息的屈辱惨死后，司马迁还忍不住自己站出来大发感慨："吾适楚，观春申君故城，宫室盛矣哉！初，春申君之说秦昭王，及出身遣楚太子归，何其智之明也！后制于李园，旄矣。语曰：'当断不断，反受其乱。'春申君失朱英之谓邪？"

当时，秦国的大将白起打得楚军是望风而逃，楚王家世代祖陵都被焚烧一光，统治者匆忙间迁都陈，但还是朝不保夕，整个楚军自上至下都是惶惶不可终日。这时黄歇出山

了。他受楚顷襄王委派到秦国做说客，企图让秦国停止攻击以让楚国喘喘气。《战国策》和《史记》都记载了其中的经过。黄歇当面陈述，秦攻楚是未加深思熟虑的行为。为什么？这是两虎相争啊，一旁的小国如赵、魏、韩等正坐山观虎斗呢，他们像劣犬一样正等着你们两败俱伤了好从中得利呢，即便打赢了，自身也是疲惫不堪，弄不好会被劣犬一样的小国灭掉，你忘了曾经欠下的血海深仇了吗？可见，劳师远征追穷寇绝非上策。随后，黄歇列举实例，其中就有夫差在吴国最强大之时，不听忠臣伍子胥劝阻，执意要攻打齐国，结果被卧薪尝胆的勾践趁机灭掉了的前车之鉴，等等，说得有鼻子有眼，秦昭王听得一愣一愣的，真的信了——的确是这么个理儿啊，快快让白起别打了，收兵回秦，秦楚结盟，并送去绸缎布匹，化干戈为玉帛。

至此，黄歇凭三寸不烂之舌挡住了秦国百万虎狼之师，使楚国长长地松一口气。

后来，他又帮羁押在秦国的楚国太子熊完逃出虎口、回到楚国并当上了国君，立下盖世奇功，当然就官位显赫。黄歇做了25年的楚国令伊，并使楚国一度中兴，继吴兵败楚、越又灭吴、楚再灭越后，成为南面最大的诸侯国。春申君黄歇这个时候养了不少门客，多时达3000人。楚王先封地12个县给春申君黄歇，后来又应要求换地太湖流域。黄歇至今在江东留有诸多痕迹。苏州当年就是他的领地。

但结局不妙，司马迁之所以感叹黄歇"旄矣"，就是因为他被门客李园谋害。其实，门客中还有一人有一双雪亮的眼睛，这个人叫朱英。他旁观者清，受恩于黄门，想拼死一报。他告诉黄歇，李园在磨刀霍霍呢。怎么办？唯一有效的办法是，他找机会接近李园，先下手为强，杀掉李园，那么，胜利的天平还会倒向黄门一边。

偏偏年过古稀的黄歇真是老糊涂了，他居然认为李园是文弱书生且是自己的门客，他阻止了朱英的拼死报效，表示不急不急，再观望一番。朱英仰天长叹一声，离开了黄门。

不久，周考烈王驾崩，黄歇去吊丧，刚进棘门就被李园埋伏下的杀手砍下头来。接着，他庞大的家族也被斩草除根——殉葬。

所以，司马迁感慨"当断不断，反受其乱"。如果壮年时有勇有谋的黄歇到暮年能听进门客朱英的话，当机立断，就不会反受其乱了。

杜牧曾写有《春申君》一诗，诗云："烈士思酬国士恩，春申谁与快冤魂？三千宾客总珠履，欲使何人杀李园？"春申君黄歇为我们留下了传奇，也留下了惋惜！像下围棋，本来形势非常好，不料一着随手棋，葬送了大好的棋局。

但春申君在苏州的口碑非常好，在苏州的相关遗迹非常多，最有名的当数黄埭镇。春申君黄歇动员民众在此兴修水利，筑成堰埭，初名春申埭，后根据黄歇的姓氏而改名黄埭，沿袭至今。这里还有一个湖，就叫春申湖。该湖原名裴家圩，是春申君当年筑堤围堰众多遗迹中的一个。2002年，苏州西塘河引水工程实施，2003年黄埭镇对裴家圩围堰抽水取土，在湖北岸的大片滩涂荒地上建湿地水景公园，叫春申湖公园。他治水较之大禹治水，又有了改进，不是一味地疏导、放水，而是根据地形，适当筑坝（埭）蓄水，以用来灌溉农田和养殖水产，旨在变患为利。据传，上海黄浦江的命名也是为了纪念他。连上海的简称"申"也与春申君有关。

楚国这盘很差的棋，让他下着下着转危为安了；自家这盘很好的棋，让他下着下着下崩盘了。他在苏州得人缘，与他前面的老乡伍子胥以及后面的张士诚一样。吴人懂得感恩，为人民做好事的人，人民永远铭记在心。

至于棋局的错进错出，也许在后人进出城隍庙时，能于一己之心中感悟出点什么吧。

"君看一叶舟，出没风波里"

苏州名相范仲淹有一首五绝："江上往来人，但爱鲈鱼美。君看一叶舟，出没风波里。"

诗中的"江上"应该是指当时的松江，也就是现在的吴江，并非长江。这里的四鳃鲈鱼（松江鲈鱼）非常有名，如"莼鲈之思"，从字面上讲就是莼菜和鲈鱼。吴江也叫鲈乡。当时，凡往来于松江水路的游人，没有不喜欢这一特产的，无不希望尝一尝这鲈鱼的美味。范仲淹生长在这里，对这一情况当然知之甚深。但他发之于诗，没有把注意力仅仅停留在对鲈鱼这一美味的品尝和赞叹上，而是注意到了另外一些更值得关注的东西，比如他注意到了隐藏在这一特产背后的渔民的痛苦和艰险，并且深表同情。这首诗与那首《悯农》的主题很接近，《悯农》是哀怜农民的艰辛，这首诗是感叹渔民的不易。

但水产捕捞也不是无快意和诗意的，喜欢钓鱼的人们对此最为清楚，钓鱼之乐远胜于吃鱼之乐。

比范仲淹更早些的唐代咸通年间，诗人陆龟蒙的《渔具诗》记述了吴地的渔具、渔法，非

中国风俗图志·苏州卷

钓鱼何需杨柳岸　一缸清水亦怡人

常有意思。

历史上记载渔具的书籍为数甚少,而对渔具进行分类记述的文献,直至唐代为止,也只有陆龟蒙的《渔具诗》。因此,这是我国历史上最早分类记载渔具的文献。唐代后期,南方战乱较少,经济远比北方繁荣,人口增长迅速。人们不仅对粮食的需求大为增长,而且对鱼类食物的需求也急剧上升,这就促进了捕鱼业的发展。

晚唐诗人陆龟蒙(?—约881),苏州本地人,文学家、诗人、农学家,字鲁望,自号江湖散人、甫里先生,又号天随子,陆元方七世孙,其父陆宾虞曾任御史之职,进士不第,曾在湖州、苏州从事幕僚。他曾随湖州刺史张博游历,后来回到故乡苏州甫里,过隐居耕读的生活。他在耕读之余,喜好垂钓。陆龟蒙与诗人皮日休为友,时常一起游山玩水、饮酒吟诗,世称"皮陆"。二人唱和之作被编为《松陵集》十卷。《渔具诗》十五首作于唐咸通十年(869)。诗成后,他又请时任苏州从事的皮日休作序。皮日休阅后大为赞赏,称其"凡有渔以来,术之与器,莫不尽于是也",认为此诗是渔具记录大全。《渔具诗》十五首现存于同治《苏州府志》卷三《风俗篇》。

陆龟蒙在甪直常与农民一起参加生产劳动,并说尧舜禹是圣人,尚且参加劳动,我一个普通老百姓敢不勤劳吗?陆龟蒙在生产实践中对各种农具进行了研究,撰成《耒耜经》一书。他在该书中对唐代各种农具的发明、改进和制作使用做了详细的介绍。该书是今天研究古代农业生产的珍贵资料。陆龟蒙还精于品茶,能将各种茶叶逐一品尝并评定品级。现今的甪直镇保圣寺旁边,还有他的衣冠冢和斗鸭池等遗迹。

《渔具诗》十五首中,我最喜欢的是下面这首。诗人以非常生动的细节再现了捕鱼的经过。其诗云:

> 斩木置水中,枝条互相蔽。寒鱼遂家此,自以为生计。
> 春冰忽融冶,尽取无遗裔。所托成祸机,临川一凝睇。

这里描写的完全是千年后的人们捕捉野生鳜鱼的方法。捕鱼人用稻茭或树枝扎成草把并让其浮在水面,诱鱼来产卵,随后悄悄划船靠近,用捞网端人家产卵时的老窝,抄即可捕获,俗称"抄鱼"。另外,人们把松枝扎成把并让其浮在水面,诱虾栖息,用网抄获,俗称"抄白虾"。这与唐代捕捞法有异曲同工之妙,只是缺少陆公的情怀。陆公没有望着鱼

儿躲到树枝中居住，不料成了一场祸。他不禁望着水面发呆感伤。感伤什么呢？为生命而感伤？

从学术上而言，我则推崇《渔具诗》中的《药鱼》一首：

> 香饵缀金钩，日中悬者几。盈川是毒流，细大同时死。
> 不唯空饲犬，便可将贻蚁。苟负竭泽心，其他尽如此。

这个诗最有分量的是后面两句，早早地就反对渔人"竭泽而渔"。所以，他的好友皮日休和诗一首——《奉和鲁望渔具十五咏·药鱼》。其诗曰：

> 吾无竭泽心，何用药鱼药。见说放溪上，点点波光恶。
> 食时竟夷犹，死者争纷泊。何必重伤鱼，毒泾犹可作。

皮日休在诗中反对用毒药来药鱼。药鱼是一种让鱼类断子绝孙的极端做法，只图眼前，不顾后世。这与如今那些电鱼的做法完全一样，非常恶劣。

现在，太湖已实行季节性捕捞，只有在规定的季节且颁布开捕令了，大小船队才可以到太湖中捕捞。实行禁渔令是一种理智而环保的做法。

钓鱼具有空钩、饵钓两类，空钩不上饵，靠锋利的铁钩钓鱼，有大钩，俗称滚钩。现在依渔法分为浮钩、沉钩、拖钩，专捕大型鱼类。饵钓类统称小钓，以各种饵料诱鱼上钩。

此外，还有箔筌渔具，有簖、笼篮两类。簖又称"迷魂阵"，可分为网簖、竹簖、芦柴簖。簖原以竹簖为主，20世纪70年代后由网簖代替，由樯网、身网和囊网组成，长300~1000米，设置在鱼类洄游道上，拦截鱼儿入簖。获鱼种类多，鲢鱼、鳙鱼、鲤鱼、鳗鲡等都有。但因严重破坏渔业资源，现已限制使用。笼篮类有虾笼和鳝笼两种。用竹篾或塑料编成"人"字形有逆须的圆笼，内装醪糟、蚯蚓等饵料，利用青虾、黄鳝贪食喜阴的习性，诱入捕获。人们把虾笼放在湖边草丛河水滩，白天作业。人们利用黄鳝昼伏夜出的特点，傍晚将鳝笼放入水稻田或水沟内，第二天清晨，便会发现笼里有贪吃的笨黄鳝。黄鳝进得了笼，却出不来，只能乖乖被擒。

"近水知鱼性，近山识鸟音"，水乡人当然靠水吃水，与鱼为邻。

建房上梁中的吴人性格

说到与江南人盖房子有关的当代文学作品，其中比较有名的，一是江苏武进作家高晓声的短篇小说《李顺大造屋》，获得了全国短篇小说奖；二是苏州作家陆文夫唯一的长篇小说《人之窝》。人离不开房子，在乡下更是如此。"盖房娶妻养儿子"是乡下人一生中的三件大事。

说到盖房子，又有"一家不可无主，一屋不可无梁"的说法，还有"房顶有梁，家中有粮；房顶无梁，六畜不旺"的说法。这些说法都体现了房中一根大梁的重要性。在诸多环节中，上梁被人们视为建房中最重要的一环。在建筑技艺和设计上也是这样，周围人每逢上梁这个当口，都要举行隆重的仪式，这是文化心理使然。

用作大梁的木材主干要直，无明显弯曲，没有鸟儿筑巢和虫蛀的痕迹。忌讳使用松树等一条根的树，意味着后嗣一条根，难以延续。如果选定了用作大梁的木材，建房的人会放一挂鞭炮，再系上红绸带。据说，周围人一看就知道，这是人家选定的大梁，一般不会去破坏这些树木。

发梁还离不开"伐梁"。因"伐"与"发"同音，本意是伐木做成大梁，为了讨个吉利就不称"砍"而称"伐"，寓意当然是上梁大发。大梁制好后，人们会在中间系上一块红布，在梁上贴红纸，上书"上梁大吉"四个大字，再覆以红布或红被面，系上云片糕，喻步步高。发梁时，木匠师们会喊道："梁头发的千年富，梁尾发的万年长。借问行东，要富要贵，一要大丁发万口，二要家宅平安，三要百生结千生，四要皇皇发福，五要五谷丰登，六要六畜兴旺，七要牛马满山藏，八要荣华多富贵，九要九子状元郎，十要福禄寿延长。荷叶、鲁班、杨公祝庆后，财丁兴旺万年长。"

梁发好后就由瓦工和木匠扛梁登梯上梁，随着扛梁人一步步登高，东家燃放鞭炮，木匠唱赞词，如"下有金鸡叫，上有凤凰啼，此时正上梁"。家人、朋友和其他围观者齐声说："好！好！"大梁升到堂屋脊上并安置好后，瓦木二匠将主人准备好的"梁粑"、糖果、香烟、糕、红枣、铜钱、"金元宝"等从梁上抛向四周围观的人群中，称为"抛梁粑"，意为"财源滚滚来"。一时间，前来看热闹的男女老幼争抢，人越多，主人越高兴。匠人说些吉利话："抛梁抛到东，东方日出满堂红；抛梁抛到西，麒麟送子挂双喜；抛梁抛到南，子孙代代做状元；抛梁抛到北，囤囤白米年年满……"充满着浓浓的乡情。

上梁在江南有着很悠久的传统，不但民间重视，官府同样重视。

我们在这里说一说苏州很有名的"郡治上梁文"事件。

这一事件的主角是明代苏州诗人高启。高启（1336—1374），汉族，元末明初著名诗人，字季迪，号槎轩，长洲（今苏州）人，元末隐居吴淞青丘，自号青丘子。高启才华横溢，学问渊博，能文，尤精于诗，与刘基、宋濂并称"明初诗文三大家"，又与杨基、张羽、徐贲被誉为"吴中四杰"。当时论者又把"吴中四杰"比作"初唐四杰"。史载，明洪武初，以荐参修《元史》，授翰林院国史编修官，受命教授诸王；擢户部右侍郎，力辞不受，返吴故地授徒自给，有点像今天的做家教。但他得罪了屠夫一般的皇帝，还能有好果子吃？

给高启带来灾难的是他写的《郡治上梁文》。以前，吴地平常人家盖房子上大梁时，都要摆上猪头或糕点、馒头祭神，现在太湖边还有这个风俗。当时，苏州府要建造新知府治所，知府魏观要退隐的高才子写一篇像样的上梁文。这有点像宋庆历四年春，谪守巴陵郡的滕子京重修了岳阳楼，向吴地才子范仲淹索句求文，终于弄出了一篇《岳阳楼记》。高启也没有想太多，知府没有架子，把自己当哥们抬举，一顿老酒穿喉进，提笔就写出了《郡治上梁文》。这本不过是一件很小很平常的风雅事，却被朱元璋候了个正着，让他抓住了把柄。其一，魏观修建的知府治所恰在张士诚宫殿遗址上，而张士诚正是朱元璋当年的死对头；其二，高启写的那篇《郡治上梁文》中有"龙蟠虎踞"的字眼，犯了朱元璋大忌。"龙蟠虎踞"之地当为帝王所居，你高启把张士诚住过的地方称为"龙蟠虎踞"，岂非大逆不道？岂不是"另有异图"？杀无赦！

具体罪状还有几条，就不一一罗列了。欲加之罪，何患无辞！朱元璋这个放牛娃出身的皇帝非常不待见苏州。朱元璋攻打张士诚时，久久打不下来，据说苏州的百姓都在帮张士诚，他能不拿苏州人出口恶气吗？苏州富人多对吧？先拿富可敌国的沈万三开刀，万贯家产全部充公，家人充军发配！苏州人养尊处优是吧？那就移民，从阊门出发，都给我到苏北滩涂地或更远的地方种地！数万人哭哭啼啼离乡背井，至今，他们的家谱上都写着苏州阊门。在几百年后的今天，盐城一带的人们还将睡觉唤作"上苏州"——梦回故里！至于文人高启，很清高对吧？让你做官你不做，你既然"不肯为五斗米折腰"，那我就来个腰斩，看你的腰折！

朱元璋得天下后依然嗜血成瘾，除了对那些帮他打天下的功臣下狠手，还特别热衷于和宋朝遗民对着干。"吴中四杰"无一幸免。杨基被冠上莫须有的罪名并被罚做苦工，累死在工地；张羽被绑起来沉江喂鱼，葬身鱼腹；徐贲因犒劳军队的小纰漏，被下狱害死了；高启则先被活活地腰斩，继而被分成八段，时年三十有九。

据传，高启被行刑这天，天降大雪，朱元璋居然冒雪亲自监斩。他要亲眼看着一个不配合的诗人痛苦地慢慢死去。实际情形是，高启被腰斩后，的确没有立即死去，他伏在地上，用上半身的力量支撑起来，用手蘸着流淌在地上的鲜血，在雪地上写了三个鲜红的"惨"字，如三朵绽放的红梅。

腰斩了高启，也就腰斩了一代文脉。

毛泽东非常喜爱高启所作，在作《卜算子·咏梅》之前，曾专门找来高启所作的梅花诗参考，并能随口诵出高启所作"雪满山中高士卧，月明林下美人来"的名句。他喜爱诗人的作品，也喜爱诗人的人品。他还用毛笔重新书录了高启的这首七言诗，并在诗前加注："高启，字季迪，明朝最伟大的诗人。《梅花》九首之一。"整个书法遒劲潇洒，章法大开大合，体现了书者的愉悦心境。其中，"高启"二字大大地竖立在前，形同标题一般。

讲建房风俗，却不厌其烦地说一个明代时苏州的诗人，是因为从这一事件能看到苏州人骨子里的个性。一些读书人甚至还能联系到《古文观止》中的"压卷"篇。明代文学家张溥在碑文——《五人墓碑记》中记述和颂扬了苏州市民敢于与恶势力斗争的英勇事迹，热情歌颂了五位志士至死不屈的英勇行为，对这五位苏州人"激于义而死"的精神给予了高度评价。这是苏州非常重要的文化资源。我们从中可以发现，苏州人并不是一味地妥协，也是有骨气和血性的。

说到这，我们又可以说一说苏州一条名叫"五卅路"的城内马路了。在中国近代史上，"五卅运动"是我们永久的记忆，事件发生地是上海，怎么苏州也有一条"五卅路"呢？路名的来历也可展现苏州人性格的另一面。

不错，"五卅运动"的发生地是上海。"五卅惨案"发生后，苏州立刻有许多人奔赴上海参与运动，工商各界迅速发起募捐，支持学生爱国运动。当把款项送到上海时，运动已经接近尾声，但组织者表示，张开胸怀接受苏州人民的深情厚谊，款项则如数退回。于是，相关组织就用这笔善款修下这条"五卅路"，在苏州体育场边，与干将路和十梓街相连，以志纪念。

苏州不仅有山塘街上记录明代苏州人慷慨悲歌的五人墓，还有一条记录苏州人民族气节的五卅路。

苏州人的这种性格，不正与"房梁"有着某种形神相似吗？

第五章 日常生活

在平常过日子时，苏州人讲究实惠。苏州人说过日子叫"过日脚"，既是说日子是有"脚"的东西，也是说过日子要脚踏实地。将平平常常的日子过得有声有色，过得诗意盎然，这是苏州人的本事。

美味撑腰糕

撑腰糕是苏州人喜欢的一种糕点，城乡均有。

据文献记载，二月初二，以隔年糕油煎食之，以求腰板硬朗、耐得劳作，故称"撑腰糕"。蔡云在《吴歙》诗中写道："二月二日春正饶，撑腰相劝啖花糕。支持柴米凭身健，莫惜终年筋骨劳。"这首诗写得非常明白具体，不仅写出了这个糕点的节令、功效，还准确地渲染了吴门的文化背景。我作为一个来苏州的外地人，常常将故乡湖北和苏州做比较，尽管也知道楚文化的优良部分影响了吴文化，但在我眼中，当下的苏州人比我故乡的父老乡亲更加务实勤奋。这里的农人常年在水稻田里耕作，非常辛苦，尤其是女性，她们穿的是围腰一样的百褶裙，在水稻田中劳作，肤色红黑，身手健壮，消耗是很大的，所以，干活干到下午，饥肠辘辘，要吃点食物来增添能量，来撑一撑腰，于是，这个糕的名称就应运而生了。

徐士铉在《吴中竹枝词》中望糕感叹："片切年糕作短条，碧油煎出嫩黄娇。年年撑得风难摆，怪道吴娘少细腰。"初看以为是调侃乡下妇女不婀娜多娇，实则赞美吴中女性的劳动美、勤勉美。

中国风俗图志·苏州卷

馄饨担子市街挑　闻有筒声笃笃敲　儿时光景常相忆　恍惚又到外婆桥

这种撑腰糕也是可以作为礼物赠送给亲朋好友的,但范围只能在乡下。如果城里送这个糕点,还是有些拿不出手,原因是缺少风情和雅致。城里人吃这个撑腰糕,要么自己买点,要么自己动手做,不送人,也不指望人送己。

在苏州人不太久远的记忆中,有一种吃食够得上风情和雅致,这是骆驼担。

这是一幅旧时苏州人熟悉的画面。走街串户的馄饨担子,带着鲜美,带着温暖,带着长辈的疼爱,远远地走了,再也不回来了。

苏州人称这个担子为骆驼担,据说是因为外形像一匹骆驼。我在苏州民俗博物馆看过这种骆驼担的真品,的确有点像骆驼的样子,竹子做的,放有炉灶、油盐,还有四条腿,扛起来走时,像依附在人身上的骆驼,停下做生意时,四条腿着地站稳,更有骆驼的架势。但我疑心也许还有别的意思。称其为骆驼担,莫不是这担子与骆驼的脾性有些对路?是不是骆驼的脾性也蕴含在担子中呢?温和、忍耐、能远行,等等。遗憾的是它没能远行至今。

其实,即便现今再开发出来,也没有市场了吧?打开自己家中的冰箱,不是应有尽有吗?要吃热乎的,放在微波炉中转转,两分钟解决问题。问题是没有当年的胃口了。这是做人的无奈和悲苦,有牙时没豆,有豆时又没了牙。

还有,就是当年身边的人没有了。你看看,一小碗馄饨端上手,妈妈用调羹舀起,试试温度,然后才让自己的孩子吃进口。尤其是没有了老娘的人,看到这幅画都会不觉心头一紧,止不住一阵抽搐。人没有了母亲,即便是成年人,无论五十岁、六十岁,还是七十岁、八十岁,都有孤苦伶仃之感。没有了母亲的人都成了孤儿。万般情绪不由分说袭上心头。

骆驼担可以复制,馄饨复制起来更是简单,但妈妈是寻遍天下无影踪了。

画家在画上题有一首七言诗:馄饨担子市街挑,闻有筒声笃笃敲。儿时光景常相忆,恍惚又到外婆桥。

是的,一幅画,让人恍若梦中!

摇啊摇,摇到外婆桥,外婆说我是好宝宝,我说外婆是好姥姥。外婆桥在哪里?踏遍天涯无觅处。

再吃这块撑腰糕,真是万般滋味入心头。

中国风俗图志·苏州卷

姜葱细切油锅热　单等鱼儿上钩来

吴门鱼虾多美味

有道是"北京人喜玩,苏州人好吃",似乎有点道理。看看老北京的世界,有许多名贵的古玩,而且老北京人会玩,玩得出道道来,因此出了很多玩爷——以会玩而名世的大腕。苏州也有会玩的人,苏州人叫玩为"白相",会玩的人叫白相人,但就规模和级别而言,苏州的白相人还是赶不上老北京的玩爷。

但苏州人在吃上的讲究,真是超过了北京人一大截,完全可以挽回在玩上的颓势。在苏州人看来,北京的那些点心还不如苏州乡间做得精致,而一些名头大得不得了的皇宫御品点心,在苏州挑剔的美食家看来,不过就是糖加面粉做成的疙瘩。

北方少鱼虾,缺少做的经验,所以北京人也就懒得动这个心思,在做鱼虾方面远不及苏州人。江南鱼米之乡的活蹦乱跳的鱼虾让会做好吃食物的苏州人眉飞色舞,产生了巨大的优越感。

鱼虾自古就是苏州人饮食中的重要组成部分,而且百姓的礼仪风俗也处处离不开鱼。吴人重礼,除了猪牛羊三牲,鱼也是重要的祭品之一。据历史记载,"鱼祭"由来已久,宋代范成大的《祭灶词》中有"猪头烂熟双鱼鲜"的句子。除祭灶用鱼外,清明、冬至祭祖也一定有鱼,过年时亲朋往来、送年礼也不可缺鱼,还得是大青鱼。年夜饭的桌上更少不了鱼,还不能全吃光,或者干脆不吃,留着完整的鱼,寓意为吉庆有余。

具体的规矩是,结婚要青鱼;丧事不能吃鲢鱼;探望病人最好多送黑鱼、甲鱼;生子多送鲫鱼,既利于产妇补身体又利于催奶;生男孩满月用鲢鱼,寓意喜事连连;等等。此外,造新房上梁时,东家准备的祭品少不了鱼,点香磕头,抛梁结束要吃上梁酒,这期间堂屋中放"竖梁盘",内有活鲤鱼,寓意鲤鱼跳龙门,生活越来越好……

苏州城乡家常菜用鲫鱼和鳊鱼的多,因其价廉物美,可炖汤,可红烧。特别是鲫鱼,苏州人常在鱼肚内塞上斩细的肉末,称鲫鱼塞肉,鱼鲜加肉鲜,老苏州人形容起来,常说:真鲜得眉毛都要落下来哉!

吴谚云:"青鱼尾巴鲢鱼头。"苏州人多喜欢把大青鱼做成熏鱼,皮黄骨酥,风味极佳,把头尾用油煎透,放上姜葱红烧。特别是青鱼尾巴,苏州人叫"甩水",苏帮菜里有道名菜叫红烧甩水,名气很响。如腊月逢"起荡",鲜鱼大量上市,青鱼又可做咸鱼,吃到开春,先将鱼腌制五到七天,再曝晒至干,然后蘸烧酒储藏在罐内,逐层加酒及椒盐少许,浇麻油,食时蒸熟即

可,不加油盐。苏州人还会糟鲭鱼。这煮糟鲭鱼是苏州传统名菜。顾禄的《桐桥倚棹录》记录了"参(籴)糟鱼""煎糟鱼"等,云此菜糟香扑鼻、皮肥肉嫩、入口鲜香,为苏州人冬令佳肴。鲢鱼则妙在鱼头,苏州的本地特色菜为鲢鱼头烧豆腐或粉皮烧鲢鱼头。苏州人吃花鲢还有个相关的游戏,叫作掷"鱼神仙"。叶正亭在《吃在苏州》中写道:"鱼神仙"是一块位于腮处的鱼头骨,如梭镖状,有尖尖头,侧看似三角,却可以站立起来。吃鱼头时,先把这"鱼神仙"挖出,不能用嘴吮,要先"喂养"它一番,即用筷子夹着,到各菜碗中"嗒嗒味道",然后闭上眼睛,许下一个愿望,便可抛掷,夹着"鱼神仙"的筷子在空中转几个圈,轻轻往桌上一掷,看"鱼神仙"是否站起来。"鱼神仙"一旦站立,许愿者如同中大彩……若"鱼神仙"没站起来,不用泄气,再接再厉,来三至五下,一般多次之后,真的可以立起来,便可开心一番……

苏州人不吃鲤鱼,认为鲤鱼肉松散,味不佳,有土腥气,又因为鲤鱼多子和跳龙门的俗信,用于放生倒是胜过其他鱼类,所以鲤鱼不入苏州人的菜盘。这与北方人喜欢黄河中的大鲤鱼刚好相反。

苏州人在饮食上有一大原则,就是跟着时令吃。因为四时八节都有时鲜菜出土,这些符合节令的鲜嫩菜蔬才是最美味的。越季或错季的菜一般都是大棚里生产出来的,并非顺应自然生长,不但价格贵,口味也不太好,所以苏州人不大热心。在吃鱼上,苏州人也有同样的讲究。尤其是在春天吃鱼时,名贵鱼种都在这个时节亮相,让苏州人目不暇接、目迷"鱼色"。

苏州民谚云:"正月塘鳢肉头细,二月桃花鳜鱼肥;三月甲鱼补身体,四月鲥鱼加葱须;五月白鱼吃肚皮,六月鳊鱼鲜如鸡;七月鳗鲡酱油焖,八月鲃鱼要吃肺;九月鲫鱼要塞肉,十月草鱼打牙祭;十一月鲢鱼汤吃头,十二月青鱼只吃尾。"吃鱼的讲究真不少吧!

初春时节,塘鳢鱼、鳜鱼最肥美,菜花开时,此时的甲鱼被称为"菜花甲鱼",过此时节,炎夏时的甲鱼就成了"蚊子甲鱼",肉质松老,无人问津,价格一落千丈。春天除了品尝塘鳢鱼,还会吃鱼中贵族——鲥鱼,属洄游鱼类,每年在海中育肥后,溯江而上,生育产子,最先进入长江下游江面,从南京以降到长江口是主要水域,产卵前后的鲥鱼是肉质最鲜美之时,故民间素有"来时鲥,去时鳓"之说。鳓是一种鲜美的海鱼,苏州人对这种鱼也是极有感情的。但长江里的鲥鱼越来越少,20世纪80年代以后,野生鲥鱼已经基本绝迹,徒留美妙的记忆在书本的风俗中。明代陆容《菽园杂记》载:"鲥鱼尤吴人所珍,而江西人以为瘟鱼。"这又是大为有趣的现象。鲥鱼极其娇嫩,捕鱼人触及其鳞即不动,宋代大文学家苏轼称其为

"惜鳞鱼""南国绝色之佳",盛赞其"尚有桃花春气在,此中风味胜鲈鱼"。所以吃鲥鱼时不能像吃普通鱼时那样把鳞刮掉。旧时的大户人家在吃鲥鱼时,刮鳞后,会再把鱼鳞用线穿起来置于鱼上一同蒸,既保留鲥鱼的鳞片脂肪,又不因硬硬的鱼鳞而影响鱼肉的口感。

当然,春天时节还有一道河豚,也是吴人的最爱。苏东坡在《惠崇春江晚景》中写道:

> 竹外桃花三两枝,春江水暖鸭先知。
> 蒌蒿满地芦芽短,正是河豚欲上时。

这首诗很有名。虽然河豚滋味鲜美,但血里有剧毒,烹饪不好,一旦中毒,基本无救,所以又有"拼死吃河豚"一说。据说,往年每逢吃河豚的季节,都会发生中毒的事件。但现在人工养殖的河豚基本上没有毒,张家港永联村养殖了很多河豚,每到吃河豚的季节,长三角的许多游客都要去永联旅游,许多人也是"醉翁之意不在酒",是冲着这里的河豚去的。

苏州的螃蟹也很有名。国学大师章太炎的夫人汤国梨有名言:"不是阳澄湖蟹好,此生何必住苏州。"可见这螃蟹的魅力。不过,这是秋天的美味。"秋风响,蟹脚痒",要等到秋天了,螃蟹才会膏满黄肥,让食客舌尖馋虫爬。只是因为说到河鲜、湖鲜,本人的舌尖就先痒痒起来,略提及,即打住。

麦秀寒

麦秀指的是麦子生长茂盛却还未成熟。麦秀寒指的是在麦子生长茂盛还未成熟的这一段时间里,天气变幻无常,时冷时热。顾禄的说法是:夏初,天气清和,人衣单袷。忽阴雨经旬,重御棉衣。人以其时之寒,在麦秀之际,谓之"麦秀寒"。中心意思是,麦秀时节天气犹冷。范成大《夏日田园杂兴》诗云:"五月江吴麦秀寒,移秧披絮尚衣单。稻根科斗行如块,田水今年一尺宽。"王鸣凤《初夏村居杂咏》云:"棉衣欲换情偏懒,见说江南麦秀寒。"孙锦标《通俗常言疏证·时日》引《梧浔杂佩》:"南方四月,雨后尚有余寒,土人谓之'麦秀寒'。"

天气乍暖还寒,人衣却已单薄,忽然会有阴雨,气温骤降,还得穿棉衣。这个时候的寒气袭人,正逢麦秀(尚未成熟)之际,吴地人称之为"麦秀寒"。而偏偏在此时,地里的小麦宜

惊天动地创家业　细雨和风度春秋

寒，家养的蚕宝宝宜温，所以民谣对麦秀寒时节男耕女织的农家夫妻的心态有形象化的描写："做人难做四月天，蚕要温和麦要寒，种菜哥儿要落雨，采桑娘子要晴干。"

这个现象在湖北的说法是"五月五，冻煞大黄牯"。当然，不及吴人说得那么典雅。麦苗儿青青秀江南，给人一种视觉和嗅觉上的美感。

作为新苏州人，我欣赏土著苏州男人爱家、顾家这一点，即便在外面风风火火能成就大事业，回到家，依然平平淡淡才是真，该讨好老婆处讨好老婆，该笼络儿女处笼络儿女。这是苏州男人的智慧。

看画面中怀抱幼子的苏州男人，总让人想起鲁迅先生作的《答客诮》。估计有人会脱口而出，哦，是那句"无情未必真豪杰，怜子如何不丈夫"。倒也算对。但我的本意并非这两句，而是很少有人引用的后面两句："知否兴风狂啸者，回眸时看小於菟。"不妨将这首诗用白话翻译一下：冷酷无情未必就是真正的好汉，疼爱孩子的为什么不是大丈夫。你可知道山中的猛虎兴风狂啸，尚且频频回看它心爱的小老虎。

麦秀寒时节，容易看懂苏州男人不错的一面。

"何事伏天钱好赚"

蔡云的《吴歈》中有一首写夏天吴人用冰的诗："初庚梅断忽三庚，九九难消暑气蒸。何事伏天钱好赚？担夫挥汗卖凉冰。"

在一般人的观念里，古人在夏天是没有冰吃的，因为那时还没有发明电冰箱。其实，这是误解。皇宫里就不消说了，他们在夏天都有冰可用，苏州的普通市民在夏天也能体验到冰所带来的凉爽。明人王鏊在《姑苏志》中写道："三伏，市上卖凉冰。"清代苏州人尤侗的《冰窖歌》描绘了冰块的制作和贮存过程：

> 君不见——
> 葑溪门外二十四，年年特为海鲜置。
> 潭深如井屋高山，潴水四面环冰田。
> 孟冬寒至水生骨，一片玻璃照澄月。
> 窨户重裘气扬扬，指挥打冰众如狂。
> 穷人爱钱不惜命，赤脚踏冰寒割胫。

中国风俗图志·苏州卷

假日

槌舂撞击声殷空，势欲敲碎冯夷宫。
砯砰倏惊倒崖谷，淙琤旋疑响琼玉。
千筐万筥纷周遭，须臾堆作冰山高。
堆成冰山心始快，来岁鲜多十倍卖。
海鲜不发可奈何，街头六月凉冰多。

我们从中可以看出，这些冰主要是用来冷藏海鲜的，如果还有多余的，就卖给人们，也就是六月街头上市民买的冰水。

在清代，苏州出现了制作冰块的田地，称为"冰田"；存放冰块的仓库，称为"冰窨"。清代顾震涛《吴门表隐》载："冰窨在葑门外竹墩南，有二十四座，以按二十四节气。"《元和县志》也有记录："每遇严寒，戽水蓄于荡田，冰既坚，贮之于窨。盛夏需以护鱼鲜，并以涤暑。"清代顾禄《清嘉录》云："土人置窨冰，街坊担卖，谓之'凉冰'。或杂以杨梅、桃子、花红之属，俗称'冰杨梅''冰桃子'。鲜鱼肆以之护鱼，谓之'冰鲜'。"

这也说明了一个问题，天然冰能达到这等规模，可见当时的低温时间应相当长。"冰冻三尺，非一日之寒"，能有如此规模的厚冰，非长时间的冰冻不可。

资料记载，清光绪三十三年（1907），苏州的冰厂拥有冰窨10座，多分布在葑门郊外，有的在横塘，当然，还有的在葑门外。此外，还有大小运冰船7艘。

不知今天还有多少苏州人在吃冰时会想到旧时苏州关于冰的历史。

前面这幅画中的应该是一根赤豆棒冰，在一对甜蜜的小两口中间搭起了桥梁。

这情节似乎是这样演绎的：在暑天假日中，小两口携带小推车中的孩子出游，或者是在哪个园子里，抑或在金鸡湖边的水榭中，或者在石湖的绿地上，反正苏州这样容纳温馨一家休闲的地方很多，背景是不重要的，所以画家作画时舍去了这些背景，只留有三口之家，还有婴儿推车、遮阳伞。重要的是什么？是和谐甜美的氛围。请看，男的抱着睡着的孩子，身上还斜背着挎包，不必猜，包里必定是奶瓶、替换用的尿布等。女主人呢，打着遮阳伞，剥开一根赤豆棒冰往先生嘴里送："先生吃力煞哉，呐，剥好的棒冰把傺吃吃。"这些话打成文字大为逊色，要用苏州话说，经过女人口，韵味十足。其中，"吃吃"要读成"恰恰"。再细看，倘若是先生一口叼住，味道又要打折扣了。他张开了嘴，要吃却尚未吃上，也许，那女主人还有意顽皮地后缩一下，形成撩拨蟋蟀欲斗的情状，营造钓黄鳝时引鳝出洞的动感，一切尽在她的

中国风俗图志·苏州卷

闲来百事不上心　万物静观皆有情　无病无灾便是福　何必红尘逐虚名

掌控之中。

最是那一脸的媚笑生动。苏州的女人会发嗲，发嗲的女人很苏州。

这就带出一个问题：人们都说苏州的男人能干，在外面会挣钱，回到家中更是"贤惠"，从灶头到桌头，再到洗碗、洗衣裳，全包了。而优越感十足的北方男人则会说：大老爷们在外面奔波，回到家里就该是甩手掌柜，得由家中的女人伺候。其实，这些北方大老爷们是没有娶到会发嗲的苏州女人，娶到了，也就心甘情愿地被招安了，心甘情愿地在苏州女人面前缴枪投降了。

不是苏州男人天性就如此温情肯干，而是因为他们家中有能化干戈为玉帛的娘子。一方水土养一方人，一方女人也养一方男人。

苏州人消夏

江南的夏天难熬，尤其是三伏天，在没有空调的岁月里，那炼狱般的滋味简直让人无处躲藏。

古人以夏至后第三庚日为初伏，第四庚日为中伏，立秋后第一个庚日为末伏，故曰"三伏"。三伏天里烈日高温，加上江南水面多，高温助水汽上升，空气中湿度大，又热又闷，让人感觉非常不舒服，即便绝对温度没有北方高，湿度却比北方大，溽热难当。没办法，只能选择昼伏夜出的方式，或者早晨傍晚劳作，中午躲在树荫下或室内。

但躲避终究不是个事儿，得想法子分散注意力，弄点可口的东西吃吃喝喝，毕竟口舌之乐能抵御和摆脱部分三伏天的闷热苦楚。这是苏州人的聪明之处。

清代袁景澜的五言古风《吴中三伏》载：

> 吴中风景好，城市夏偏宜。食物随心便，乘凉逐伴嬉。
> 花篮编茉莉，灯舫映玻璃。十字洋边酒，三清殿畔棋。
> 茶楼茗饮洁，饼肆雪糕齐。蔬菜阳春美，园林拙政遗。
> 牙牌宣博客，药局聚名医。解渴施丸散，清斋馔粉皮。
> 烧香雷祖庙，赌曲虎丘祠。士女车尘影，街衢汉雨丝。
> 摇风金叶扇，消暑碧筼筜。湖藕裁琼片，冰鲥脍玉肌。
> 鸳鸯浇鳝面，弦索唱盲词。茭白挑佣担，鲜黄出阴池。

>门摊陈澹粥,天幔隔炎曦。闲向荷亭坐,聊吟俗事诗。

各种好吃好喝的,能吃上的话,喜悦惬意自不待言,吃不上,念一念,也感觉齿颊留芳、口舌生津。

据苏州民俗专家沈建东介绍,古代苏州人在三伏天的饮食以清淡、易消化为主,如著名的水晶糕、山楂蜜糕、王千糕、白松糕等,都属于风味糕点,好看也好吃,同时易于消化。市肆供应时令面点,如白汤面的枫镇大面,不用酱油,用鳝骨所得白汤吊清后制成,汤色清亮,味道鲜美,或以肉汁为浇头,称卤肉面,配以黄鳝丝,名鳝鸳鸯。如今面店多制冷面,浇以各式浇头出售,销路非常好。大街小巷的茶坊则以金银花、菊花点汤,谓之"双花"。沿街还有担卖凉冰的,杂以杨梅、桃子、花红。如今,民间按照节令吃糕有六月二十四谢灶团,七月豇豆糕、八月糍团,市面上著名的糕团店如黄天源、万福兴多在六月供应绿豆糕、薄荷糕、蜜蜂糕等。面店里的风扇凉面、枫镇大面、鳝丝面、素浇面、爆鱼面、凉拌馄饨最受欢迎。

三伏天时,人们可能胃口不佳,没有食欲,所以苏州人又在这上面动足了脑子。餐桌上常有各色开胃菜,其中就有炖酱。苏州著名文人包天笑在《衣食住行的百年变迁》中云:"我记得有一种菜,名曰炖酱,用甜面酱加以菜心、青豆、冬笋、豆腐干等,那是素的,若要荤的,可加以虾米、肉粒等等。"还有一种方法即用花生米、豆腐干、瘦肉粒、茭白丁、胡萝卜丁等起油锅略爆炒,下民间自制黄豆酱或甜面酱做成,搭粥拌面,都是很开胃的。

开胃小菜多数还是腌菜泡菜,全国各地都有。苏州人做泡菜的不同之处在于,他们会在腌菜中做出各式荤素搭配的小菜,如雪里蕻腌菜烧黄鱼、鲫鱼,还有烧乌贼鱼,菜和鱼相得益彰,十分鲜美。雪里蕻腌菜还可以炒肉丝、烧豆腐、炒百叶等。周作人在《腌菜》一文里曾这样说:"金黄的生腌菜细切拌麻油,或加姜丝,大段放汤,加上几片笋与金钩,这样便可以很爽口的吃下一顿饭了。只要厨房里有地方搁得下容积75升的一只水缸,即可腌制,古人说是御冬,其实它的最大用处还是在于过夏,上边所说的也正是夏天晚饭的供应。"他是个懂美食的人,点题说腌菜于夏天的功劳胜过冬天。估计他也一定是体验过暑热天没有胃口之苦的。

苏州人用腌菜做的美味佳肴看上去平常,但开胃下饭,还很有营养。苏州百姓三伏天时餐桌上的家常菜,不露声色地体现着生活的殷实。

在苏州人三伏天时筷子头上的美味中,糟菜是十分突出的。顾禄的《桐桥倚棹录》记载有"参(氽)糟鱼""煎糟鱼"。苏州寻常人家的糟菜主要有糟鹅、糟鸡,是夏季促进食欲的一道好菜。陆稿荐的糟肉、松鹤楼的糟鸡在夏季尤为流行，食客众多。其实，许多人家都是买些糟油，自己在家做糟菜，如糟毛豆、糟鸡鸭胗干、糟豆芽、糟鸭掌、糟鸡脚爪等，好吃又好做，只要勤快就成，与菜馆里的糟菜相比，毫不逊色。沈建东老师的介绍当然比较规范，她认为糟有生糟和熟糟之分，现在市面上大都用熟糟。熟糟是用黄酒的糟、盐、糖和各种香料调制成糟卤，再用它来腌浸烧熟冷却的各色原料，时间不过两三个小时，食材由此被"保鲜"起来，但不能长时间储存在热天的常温下，需要现做现吃，避免食物因高温变质不洁而影响健康。一般人做糟菜时，可能就没这么讲究了，不管生糟、熟糟，糟出来的菜好吃就是好糟。

苏州人在三伏天里吃得最多的降温消暑的水果是西瓜。现在当然都是在菜场里或超市里购买西瓜，早年，他们都是到河边的船上购买，与摇着船进城的瓜农讨价还价，买得几只西瓜，回家洗净外皮后，装在网兜里，在吃之前几小时吊进许多院子和街边都有的水井中，要吃时提起网兜，切开西瓜，虽然那时冰箱还没有普及，但这种水井镇过的西瓜，也有冰镇西瓜的清凉爽口感。大人孩子围而食之，其乐融融，也就暂时忘却了闷热和烦躁。

画中这个心宽体胖的家伙似乎是午睡后醒来，在宽敞的靠榻上掏耳朵。应该是掏得痒丝丝的、麻酥酥的，舒服得很，歪着嘴，睁一只眼，闭一只眼。画中有题词：闲来百事不上心，万物静观皆有情；无病无灾便是福，何必红尘逐虚名。以为是引用名家作品，百度上搜索却无结果，猜想定是画家自己口占一首。诗明白晓畅，近乎打油，却有吴门唐伯虎桃花庵歌的遗韵。诗意与"世人笑我太疯癫，我笑世人看不穿"颇有相通处。其实，"闲来百事不上心"是一种大智慧，就是不要什么事都紧抓不放，不要什么人都疑神疑鬼，不要什么好处都想得，不要时时刻刻想着算计别人。拿得起，放得下，少贪少欲，才能心宽体胖、随和豁达、广结人缘、无病无灾。线装书，紫砂壶，绣花拖鞋，根雕状的靠榻三件套，有讲究，有味道，很苏州。

"啃秋""称人"和"贴秋膘"

苏州人在立秋这天有三大风俗：啃秋、称人、贴秋膘。

所谓"啃秋"当然是吃的意思。在立秋这天，要有"啃"的东西。一般说来，这个吃的东

西主要是瓜果,因为吃瓜果有啃的动作。

秋天瓜果成熟,可吃的品种多,而且瓜果新鲜,大量上市,价格自然便宜。一口啃下去,啃到的就是秋天的丰硕和甘甜。西瓜是必不可少的。苏州自古产西瓜,有不少优良品种。说是节令已经立秋,似乎告别了夏天,其实仍然很热,"秋老虎"发起威来也是非常厉害的。这个时候,大口地啃西瓜当然是很爽的,一口下去,立马在西瓜上留下一个大缺口,似乎要与秋老虎比啃劲似的。

秋季水果主要有苹果、香蕉、橘子、山楂、甘蔗、梨、柠檬、葡萄、提子、橙子、柚子、芒果、枣、石榴、秋桃、柿子、猕猴桃、哈密瓜、番茄、火龙果、芦柑、核桃等,但只有梨、苹果、橘子等大众水果最受欢迎,销售量也最多。梨也是苏州多产的水果,其中的翠冠梨虽然是早年从江西引进的品种,但很适合苏州的气候和水土,产量高,吃口好。翠冠梨又称"六月雪",是梨中的早熟品种,以高新区通安镇树山村的最佳。这个景色优美的小山村闹中取静,离市区近却无喧嚣之声,加上产茶和杨梅,空气清新,是许多苏州人喜欢在假日举家前往的地方。这个时节的市面上还有很多从各地进来的生梨,安徽砀山的梨尤其多,天津的鸭梨、山东的莱阳梨也很多,但价格都不及树山村翠冠梨的价格高。

秋天,新鲜的苹果也很受欢迎。苏州不产苹果,苏州市面上的苹果都是甘肃、河南和山东等地运来的。立秋时节,还不是苹果大量上市的时候,一些优质品种还挂在果树上。市面上的优质苹果大都是上年冷库中的存货,相对而言,新鲜的嘎啦苹果虽然个头小,但更容易获宠。

橘子本来是苏州当地产的水果,其中老牌的"洞庭红橘"名气很大,正宗的产地是原来吴县东、西洞庭山岛。洞庭的橘子品种很多,有早红、朱橘、了红、福橘、橙子、香圆、黄皮橘、西山大橘、温柑等,以早红、了红产量最多。"早红"皮薄早熟,比其他品种上市早,颇受人青睐。了红大小均匀,耐贮存,但要到立冬后采收,可贮藏至来年二月,色泽鲜艳,味甜汁鲜。洞庭红橘皮红瓤黄,汁多味美,酸甜适宜,老幼喜爱。《本草纲目》载:"橘非洞庭不香。"新中国成立初,吴县橘子主要集中在洞庭东西山等沿太湖区,后来扩展到光福、胥口、太湖、镇湖、横泾、越溪等地。吴中区的橘子产量占江苏省橘子总量的90%以上,可见其规模效应。

2000多年前的《尚书·禹贡》曾记载两岛产橘。有人据此推测东、西洞庭山岛是我国橘子的原产地之一。满山的橘树让东、西岛上诞生了中国最早的专职果农。他们以种橘为生，每年丰收之时便采橘装船，沿太湖水系南下北上，往来贩运。洞庭红橘在唐朝时成为贡品，被称为"贡橘"。据《太平广记》载，洞庭橘出东西两山，所谓洞庭红是也。古人视为上品，名播天下，又是江苏进贡之物，皇上用它来恩赐大臣宰相，百姓人家是见不到的。《唐书·地理志》中也有洞庭山进贡橘子的记载。白居易任苏州刺史时，每年都会亲自采摘"洞庭红"。《初刻拍案惊奇》中有"转运汉巧遇洞庭红"的故事，也写到苏州产的橘子。

但苏州本地产的橘子风光不再，"洞庭红"由于子多，加上口感也远远赶不上砂糖橘等外来品种，在市场上早就不是主流了。

苏州也是产石榴和柿子的地方，虽然量不大，但石榴寓意"多子多孙"，柿子寓意"事事如意"，还是有不少人家于房前屋后种几棵，能食果，也能赏景。它们同时也是画家们的爱物，石榴、柿子远比苹果、梨或者橘子更易入画。

在这个画面中，三个人搭帮采人家院子里伸出来的果子，也就是柿子。题词"秋色满园关不住，一枝红柿出墙来"显然脱胎于那句写红杏的诗，但季节一变，花儿结果，就又有了另一番天地。一个个红红的柿子，像红灯笼一样照出秋天的斑斓、秋天的香甜、秋天的韵致。

立秋还有一个传统民俗，即称人。在过去，民间流行在立秋这一天以悬秤称小孩的体重，再将体重与立夏时的称重进行对比，体重减轻证明刚过去的这个夏天是"苦夏"。那时的人们认为，既然瘦了就需要"补"，也就是"贴秋膘"。

以往称重量都是用大杆秤，孩子坐在篓子里，秤杆高高翘起，大家嘻嘻哈哈。当年称人是为了增肥，如今如果再称人，愿望应该是恰恰相反的，即要减肥、"减膘"了。

"冬日进补，春来打虎"

从立冬那天开始，很多苏州人会重拾"熬膏滋药"的养生宝典。

苏州历代名医辈出，从周代至今，有记录的名医有千余家，成就独树一帜，形成了颇具特色的"吴门医派"。吴门医派是吴文化的宝贵遗产，也是中国传统中医的一个重要构成部分。

吴门有民谚曰："冬日进补，春来打虎。"苏州人对此深信不疑，认为冬天大补了，冬去

中国风俗图志·苏州卷

秋色满园关不住　一枝红柿出墙来

春来，就会浑身是劲，赶得上景阳冈上打虎英雄武二郎。苏州很多商铺店家都在货架上摆出全新药材来吸引市民，而百年老字号"雷允上"更是引人关注，因为当地有说法："北有同仁堂，南有雷允上。""雷允上"是苏州中药店的头块招牌。此外，还有"沐泰山""童葆春"等老牌名店。这些老店往往有许多苏州市民进出。他们带着希望而进，满面喜色而出。传统滋补的中药材药香四溢，弥漫在市民的生活中。

苏州人习惯在冬至那天正式进补。一来，冬令进补是传统的习惯；二来，人们大都认为，冬天寒冷，原本就要加强补充，而此时又不易出汗，进到体内的补品的营养也不会随汗液流失，所以要抓住这个进补良机。虽然平时也注意食补，但这个时候是进补膏滋补品的最佳时期，而且男女老少咸宜。器皿中又黑又黏的膏品散发着苦甜的芳香，走进了千家万户。从主流药店以及医院的统计数看，数量起码有一万五千份到两万份，每份的价格也大都在上千元。

中药膏滋补品的制作方法是将滋补中药材用水煎煮、去渣、浓缩后，加炼蜜或糖制成半流体制剂。其制作过程比较讲究，一般要用火熬两小时左右，经过滤，取汁再熬，熬到一定稠度后即成雪梨膏。其主要辅助材料有：雪梨6000克、北沙参120克、麦冬120克、枇杷叶75克、胖大海75克、白茅根75克、木蝴蝶50克、甘草25克。此外，还需要根据自身情况，加上选配的补药。熬成后，可供一人服用一个月左右。其达到的功效因人而异、因药而异，普遍适用于阴虚肺燥、干咳痰稠及肺虚久咳等症。

与中药材滋补强身健体相关联的是，许多苏州人也将中国书画与之相提并论。在他们的意识中，传统大户人家家中总是缭绕着中药香的，也总是缭绕着书香、墨香的，一为身体进补，一为精神进补。

"解天饷"

这个敬土地神的风俗也许各地都有，算得上是中国民间最普遍的风俗。土地神是中国民间信仰最为普遍的神之一，主要流行于汉族地区及部分受汉文化影响的少数民族地区。土地神属于民间信仰中的地方保护神，几乎凡有汉族人居住的地方，都有供奉土地神的风俗。在中国传统文化中，祭祀土地神即祭祀大地，现代有祈福、求财、保平安、保农业收成

中国风俗图志·苏州卷

松阴赏析图

之意。土地神在道教诸神中地位较低，但也是与百姓较亲近的神祇，也就是各地城隍庙中的神。

其实，最初的"城隍"并不是神，而是城郊外面的护城壕。"城隍"最早的含义是由水庸演化而来的。《礼记·郊特性》有载："天子大蜡八……祭坊与水庸。"水庸者，沟也。古代人最早信奉的护城沟渠神是"水庸神"，以后逐渐演变为城郊的守护神，即城隍神。城隍是神鬼世界中的一城之主，他的职权范围相当于人世间的县官。道教把城隍当作"剪恶除凶，护国保邦"之神，说他能应人所求，旱时降雨，涝时放晴，保谷丰民足。据文献记载，早在239年就有城隍庙了。后来，城隍庙逐渐遍布全国各地。城隍虽属道教之神，但历代帝王多重视其作用，屡次予以加封。

苏州人敬土地神的不同之处在于有一个"解天饷"活动。庙中管香火的主持收取本地居民献给土地神的"钱粮"，诸如纸钱、元宝等，但献上这些"钱粮"的同时，还得再缴纳若干"解费"，这个就是真金白银了。居民如果献纳得晚了，庙中的主持则会派人沿街敲锣吆喝，通知还有谁没有交，大家都听得清清楚楚，被点名的人自然会立马交上，这个环节叫作"催钱粮"。收齐之后，在规定的日子里，抬着神像到城西藏书镇的穹窿山上真观，在玉帝殿庭上把这些钱粮焚烧掉，为境内的百姓求福，这就叫"解天饷"。

《清嘉录》非常难得地引用了吴云岫一首题为《吴中百一谣》的诗："天亦何所欲，而征人间饷。年年解穹窿，愚俗甘受诳。"这首诗似乎是在指责这个活动为骗局，劳民伤财。

这里可以说的是相类似的占卜故事。

看看这个戴墨镜的占卜先生吧，他八字眉，稀疏胡，长长的指甲，手拿一把能收放自如的折扇，必定是一个能说会道、善于察言观色的角色。求占卜的人呢，入神得呆若木鸡，斗鸡眼的眼神被占卜先生的折扇牵拽着，完全成了一个木偶。

占卜中有多种门类，诸如拆字、算卦、看相等对于自己生活中遇到的困惑，完全听凭一个陌生人说得天花乱坠，甚或根据你听时的表情而演绎，添油加醋，恐怕不是太靠谱，恐怕也容易被人"暗算"。这样下去，困惑是否会更多也未可知。是否能释然梦醒，是否能真的解惑，或者是惑上加惑，恐怕只有天知道了。

中国风俗图志·苏州卷

不惑之年多困惑　三寸簧舌点迷津

藏书羊汤

若要问苏州冬夜的气味，人们十有八九会说到羊汤的香味。

入冬后，苏州的大街小巷便会冒出许多羊肉小店来，挂的招牌几乎都是"藏书羊肉店"。小到什么程度？一般也就一个老板兼小二，一两张小条桌，外加一个冒着热气、飘着异香的木桶，这就是羊肉小店的全部格局了。多到什么程度呢？估测一下，一个姑苏区至少也得有三五百家。加上辖区内的各县市和小镇上的小店，应该近千家。在其余三季不见，一近立冬，就像夜晚雨过天晴，星斗满天。

当然，最有名气的还是藏书镇上的羊肉店。进城来，"潜伏"到一条条小巷，有散兵游勇状。

苏州地界除了藏书的羊肉，太仓的双凤羊肉也相当不错，不过主要是红烧羊肉。就汤羊肉而言，还是藏书的更有名气。

藏书是一个古镇地名，与西汉的传奇人物朱买臣有关。朱买臣家住穹窿山下，生活困顿，一介砍柴樵夫。他虽然以砍柴为业，但勤奋读书，堪称满腹经纶。他平时上山砍柴，也带书上山，砍柴累了，就利用休息的时间抓紧苦读，挑柴回家，书不便带，就放在一块巨石下藏起来。据说，"藏书"就是这么得名的。其妻崔氏目光短浅，没有看出朱买臣的前景，为改嫁而"休夫"。

没想到这个朱买臣时来运转，在同乡的举荐下，得到皇帝的赏识，做了会稽郡太守。而汉武帝也是好玩之人，对朱买臣说："荣华富贵以后不返回故乡，就好比穿着锦绣衣服在夜间行走一样，你打算怎么办呀？"这其中明显有挑唆朱买臣回乡出气之意。于是，朱买臣高调回故乡，偏偏前妻又缺少志气，真的还想再入朱门。朱买臣乘机羞辱了前妻，在自己的高头大马前泼水于地，说崔氏若能够将水收起来，就可以回头。这就是有名的"马前泼水"的典故，也是一曲经典戏。崔氏最终羞愧而亡。

当然，这个故事与古城的羊肉没有多大关系，只能说这个镇出过名人，他那本还只能算是竹简的书，给不少落魄之人撑腰壮胆。

这个古镇群山环绕，柴多草多，有着得天独厚的适宜养羊的自然环境，百姓向有养羊、杀羊、卖羊肉的财路，直到清末才开始在苏州城里开店经商。其乡志有载，清光绪年间，藏书周家场（今兴奋村）的周孝泉曾在苏州醋坊桥畔开设城内第一家堂吃的"升美斋"羊肉店。

平江岁月图(局部)

宣统后,都亭桥和临顿路又开设了"老义兴"和"老协兴"羊肉店。民国之后,藏书的羊肉店逐渐多了起来。

羊浑身是宝,为冬令时节的进补佳品。喝滚热的羊肉汤的确可抵御寒冷。小店内,食客们称上几两羊肉,切碎放入大号的瓷碗中,然后,老板用大木桶中的勺子打出滚烫的乳白羊肉汤倒在碗里,撒上切细的大蒜,端到你的面前,滚烫滚烫的,喝得食客满头大汗。而且,加汤是不用再付钱的。所以,这碗羊汤储满了藏书人的深情厚谊,暖到腹中,也暖到心里。

苏州城喝羊汤之风,至少从清代就开始了,每到秋末,藏书人或别的乡上人就到城里租间临街的小店面卖羊汤,招牌都是"藏书羊肉"。开春后,收摊回乡,一个季节除去成本,五六万元是稳赚的。苏州人说"冬吃羊肉赛人参"。羊是纯食草动物,羊肉肉质细嫩,容易消化,高蛋白、低脂肪、含磷脂多,与猪肉等相比,脂肪含量少,胆固醇含量也少,不愧是冬季防

寒温补的美味。

冬天的羊肉小店堪称苏州小巷中的一景,增添了很多美好的回忆。

"七头一脑"

春天到,田野里的野菜冒出来了。一大波春季的鲜美菜蔬鱼贯上路,赶来接受苏州好吃的美食家们的检阅。

苏州人在春天讲究吃个"七头一脑"。

"七头"指枸杞头、马兰头、荠菜头、香椿头、苜蓿头、豌豆头、小蒜头。"一脑"说的就是菊花脑,脑也是头脑的意思,其实也是"头",指早春野菊花(现在一般都是种植)最先长

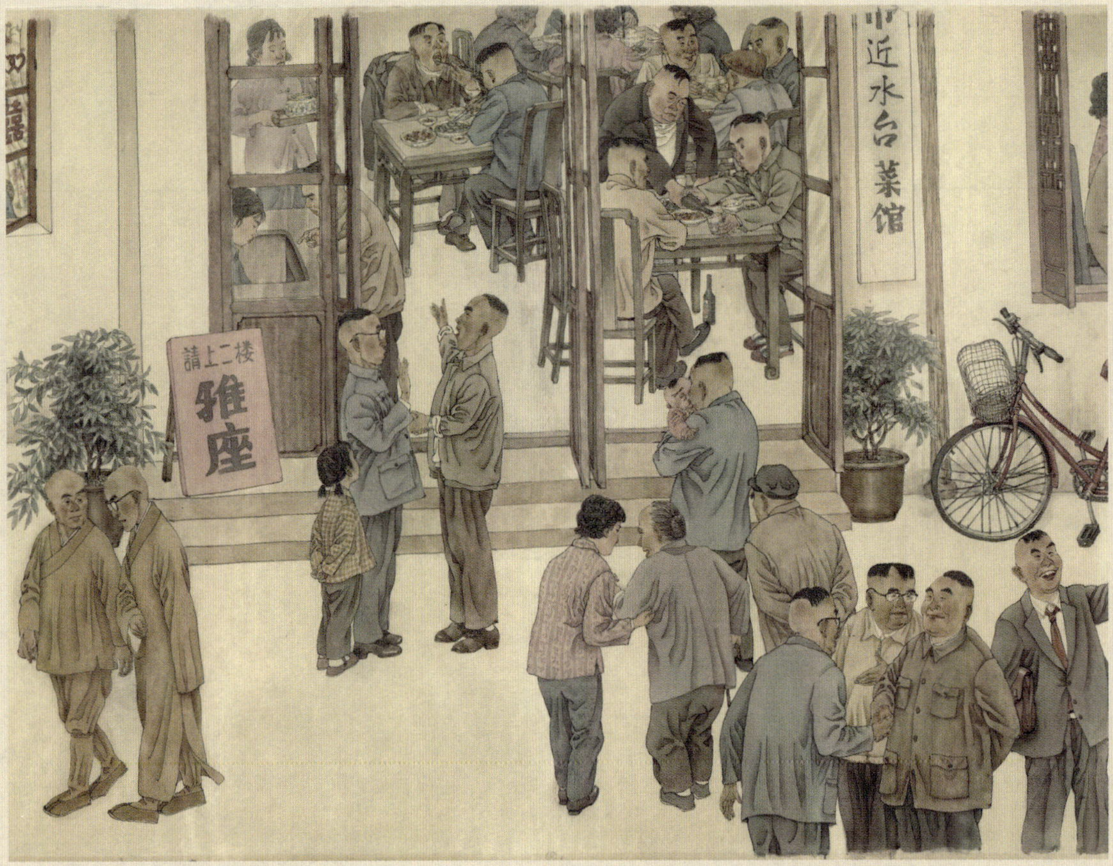

平江岁月图（局部）

出的叶子，揪下，放在蛋花的汤中。不说"头"而说"脑"，追求一点雅致。

枸杞头就是枸杞长出的嫩枝，也有人称之为枸杞薹，像青菜长出的菜薹。具体做法是清炒枸杞头或双菇枸杞头。春暖花开时节，枸杞头最鲜嫩，凉拌、煲汤、做馅、炒肉都行，先苦后甘的口感一般菜可比不了。

马兰也是一种野菜，红秆绿叶，贴地而生。马兰头有一种特有的野菜香味，配上同样有着浓郁香味的香干，一青一白，香气怡人，入口清爽，回味无穷，是非常地道的苏州春天特色家常小菜。最普通的做法是清炒马兰头，省事实惠。因为苏州人太喜欢这个野菜，该菜也渐渐地由野生变为种植了，现在市面上看到的大多是种植品，味道比纯野生的稍差，但也非常可口。与枸杞一样，马兰头具有养肝明目的功效。

荠菜头就是荠菜，各地人都喜欢吃。有诗云"春在溪头荠菜花"，大江南北随便找片草

地或田埂地边,都能见到它的踪迹。它鲜美的味道可是难以抵御的,无论清炒、做汤,还是剁碎做馅料,都别有风味。苏州人喜欢将荠菜做成荠菜春卷和荠菜豆腐羹。

香椿头是香椿芽,鲜嫩异香。香椿头品类很多,一般分为紫香椿和绿香椿两种。前者色深而香气厚重,后者色浅而香气清淡。因为新鲜香椿头含有一定的亚硝酸盐,烹制前需要经过沸水汆烫,叶子的颜色也会由深浅不一的嫣红变成鲜绿色。其主要做法是香椿炒鸡蛋和香椿拌豆干。

苜蓿头也叫"草头",就是金花菜。柔嫩碧绿的嫩叶在白酒或黄酒的激发下,把草本清香发挥至最大,入口即化的温柔谁能拒绝得了呢?做法有蚝油金花菜、蚌肉金花菜。另外,红烧河豚也少不了这道佳品作陪。烧金花菜一定要加白酒烧,黄酒的劲道稍嫌不够。

豌豆头是豌豆苗。在外地,豌豆主要是吃豆,要等豆子熟了才收割,剥出豌豆。但这里的

平江岁月图（局部）

"豌豆头"与豌豆的关系就有点母亲和她的少女时代的味道，还没等开花，就要吃豆苗。但这个嫩苗的味道的确好，一般都是直接炒食。相关菜名有蒜蓉豌豆苗等。豌豆没等到结豆荚就吃它的"头"，以后虽然也能结豆荚，但就大为减少了，产量不及未掐头的一半。吴人好这一口鲜嫩，往往不计"后果"，先快意尝其"头"。

小蒜头其实是野生蒜，也叫野葱。小蒜头的气味辛辣，并不逊色于大蒜。虽说嫩茎叶和地下的蒜头都可以食用，但感觉还是地下的小蒜头更胜一筹，除了鲜食，也经常被腌渍作为小菜食用。

菊花脑是野菊花烧的蛋汤，叫菊花脑蛋汤。春夏时节，初生的菊花脑嫩茎叶具有最佳口感，入夏之后则木质化得厉害，滋味也变得枯槁苦涩起来。翠绿叶片与金黄蛋花融成一碗金玉交错的汤，足够提神醒脑、沁人心脾。

  我们从中可以看出苏州人"好吃"的天性,津津乐道于各种野菜,选料考究,做法讲究。苏州人吃时令美食,最大的特点是跟着节令吃,对反季的大棚蔬菜不是很感兴趣。错过了季节,也就一丈水退了八尺,菜价和吃的兴趣也会大打折扣。

  这种"头头脑脑说"似乎有一种"擒贼先擒王"的架势,拿头头是问,主要还是因为这个"头头脑脑"嫩。其实,吴中还另有一头,那就是早春明前碧螺春,这个特级茶极其名贵,无非也是因为材料中的"头"嫩。一斤特级明前碧螺春需要采撷十万枚茶叶嫩"头",可以想象其成本之昂贵。而且,这个"头"也是可以入菜的,叫"碧螺春虾仁",用鲜嫩的茶叶头炒虾仁,这是一道名菜,但似乎脱离了民间乡野,有点民女选为宫女或皇妃的味道,因此就没有被选入春季的时令菜——"七头一脑"中。

平江岁月图（局部）

话说阿婆茶

不少人都知道，苏州有道"阿婆茶"，但大都以为是一款可与苏州"碧螺春"或"白云茶"等媲美的名茶。其实，这个茶并不是茶叶的名称，而是一种喝茶方式。

这种喝茶方式在城里看不到，在苏州乡下一些古镇中可见，一直流传至今。如果到周庄、同里等地旅游，一般都可以体验到。

阿婆茶在苏州都叫"吃阿婆茶"，是一道颇有风情的风俗。这是乡下女人们的专利，农闲的时候，村中妇女齐聚在一起，一边聊着家常，一边抱着孙子辈，或做着针线活，烧水用的是十分寻常的陶器瓦罐，称为"吊子"，燃烧的是柴草。吃阿婆茶时，一般还得有茶点相配，随着四季不同而各异，如菜苋、腌金花菜、瓜子、酥豆、蜜饯或其他糕点。在房屋比较宽绰的

人家客堂间,左邻右舍的女人们聚在一起,说说闲话,评评是非,大口咕噜着茶水,并往嘴里填些可咀嚼的食物。明代嘉靖年间钱塘人洪楩所编《清平山堂话本》中的《快嘴李翠莲记》就描写到阿婆茶。话说李翠莲嫁到张家,众人都嫌她嘴快。三日,那翠莲听得公公讨茶,慌忙走到厨下,刷洗锅儿,煎滚了茶,复到房中,打点各样果子,泡了一盘茶,托至堂前,摆下椅子,走到公婆面前,道:"请公公、婆婆堂前吃茶。"又到姆姆房中道:"请伯伯、姆姆堂前吃茶。"员外道:"你们只说新媳妇口快,如今我唤她,却怎的又不敢说什么?"妈妈道:"这番,只是你使唤她便了。"少刻,一家儿俱到堂前,分大小坐下,只见翠莲捧着一盘茶,口中道:"公吃茶,婆吃茶,伯伯、姆姆来吃茶。姑娘、小叔若要吃,灶上两碗自去拿。两个拿着慢慢走,泡了手时哭喳喳。此茶唤作阿婆茶,名实虽村趣味佳。两个初煨黄栗子,半匙新炒白芝麻。江南橄榄连皮核,塞北胡桃去壳柤。二位大人慢慢吃,休得坏了你们的牙。"从这

平江岁月图(局部)

段带顺口溜色彩的话中,能了解阿婆茶的内涵。就是说,除了茶水,还有板栗、白芝麻、橄榄、胡桃等。其实,这个茶既有可能是将这些食物泡在茶水中,也可能是喝着茶水,将这些食物当茶点来享用。

这里一定要说说"吃"这个词。在汉语语汇中,有喝茶、喝酒、喝汤等说法。"喝"与"吃"是有区别的,喝就是无须咀嚼,进口就可吞咽;"吃"则要门牙咬撕,或直接用筷子拨拉进嘴里后,还要用大牙来咀嚼。但吴地人有点"吃喝不分"。吃肉吃鱼吃饭,是吃;喝汤喝酒喝茶,也是吃。当然,吴方言中这个"吃"字的读音为"洽"。我刚到苏州时是颇以为怪异的,甚至在饭局上,大家都碰杯说"吃酒吃酒"时,我还逗笑,说:"既然喝酒喝汤为吃酒吃汤,那我就喝点饭喝点菜吧。"

但是,讲"吃阿婆茶"就对了,因为确实要靠吃来解决,阿婆茶中有那么多吃的东西,不

咀嚼没法下咽。

据说,吴江的芦墟、七都、桃源一带还流行吃风枵茶。所谓"风枵茶",就是糯米饭糍干茶。民间传说"风枵茶"曾用来招待过某位帝王,所以又称"待帝茶"。女婿第一次上门,结婚、生子或贵客第一次上门,须泡此茶来待客,甜一甜,讨个生活甜蜜的好口彩。做法是:先将糯米煮成饭,然后在锅里把糯米饭团慢慢碾压转动,锅内的糍饭团变薄变干,迅速将它铲下来,一张风枵就做好了。雪白香脆,放上糖沸水冲泡,云片般在水里翻卷,入口香甜绵软。当地女人坐月子时,也用这种风枵茶来补身子。当然,这个不是阿婆茶。

此外,吴江的盛泽、震泽、桃源、青云民间还有熏青豆茶。家里来了客人,就拿它招待上宾。熏青豆茶中其实只有少量嫩绿的茶叶,更多的是熏豆。这种熏豆是用新鲜的毛豆熏制成的,并非那种炒了咯嘣响的干黄豆,而是软而有嚼劲的青豆,是要在茶水中如同泡茶一样浸

泡的,这个茶透着青豆的清香。辅料一般有胡萝卜干、橘皮、桂花、白芝麻等。讲究的人家还加入有名的震泽黑豆腐干、浙江天目的笋尖或福建的青橄榄等,味道咸香诱人,既可疗饥,又可解渴。当然,这个茶与阿婆茶有些异曲同工之妙,但并非阿婆茶。

又有记载,乡下村民或镇民间发生了纠纷,需要评理调和,因此在民间还有吃"讲和茶"的风俗。摆事实,讲道理,这期间必定有一个双方各自讲述经过并表明自己观点的过程,讲的人和听的人都要边讲边听边喝茶,茶水进口,能滋润喉咙,还能"滋润"当时的气氛,双方都陈述完毕,茶也喝出滋味来了,被请来公断的人就要评判了,这些人一般都是德高望重者且双方都信任的,长长短短来做一番点评。这些人在点评时,一般都很会把握分寸,除了公正,还有大事化小、小事化了的本领,出语讲评一定心平气和,自己先咕嘟一口茶,清清嗓子,也劝双方用茶,茶水与他们没有气,没有矛盾,会浇灭心中的火星。吃一口香茶,添智慧、解心结。随后,一二三四、子丑寅卯,理顺双方的理由、各自的诉求,最后用一些古代贤人的事例来劝说双方。反正,最后双方能握手言和。本来,这个茶资是要由输理一方来偿付的,但往往都是两家抢着付,只得各半,用今人的话说,就是"AA制"。这个"讲和茶"也不是"阿婆茶",但与之应该是最接近的,属于一个系列。"相逢一茶泯恩仇",这茶的滋味堪称快意绵长!

男婚女嫁

一地有一地的婚姻风俗。冬天是吴地婚配的高峰期,披红挂绿,鼓乐齐鸣,这个为创造和迎接生命的搭台渲染,总能让人产生一些与生命相关的联想。我们仅挑几样说说。

配小亲:旧时女子尚在孩童时,有媒人上门说亲,双方家长同意,女方接受男方的一些聘礼,待两家子女长大后,由男方家长择定结婚日子,这种婚配叫配小亲。这当然是人们在经济困难、物资匮乏年代时的一种无奈之举。

吃小喜酒:这是20世纪70年代兴起的配亲风俗,和旧时的订婚相仿,即男女自由恋爱或经人介绍双方同意,征得双方家长赞同后举行的一种配亲仪式,男女双方都要办酒席,名曰"吃小喜酒"。应邀前来贺喜的亲朋好友一般都要送上见面礼。

拣日担大盘:男家准备就绪后,要请算命先生择定黄道吉日,将迎娶日期和聘礼由媒人负责送往女方。旧时，有四个直径尺余大的木盘，内装喜糖、茶叶、爆竹和衣料。木盘现已很少能见到，取而代之的是男方给女方送去首饰、现金等"彩礼"。男女双方分别向自己的亲朋好友送喜糖，通知结婚日期，邀请参加婚礼。如有特殊情况需提前或推迟，一方必须及时通知另一方，经协商后重定日期再行完婚。

待媒：婚礼前一天，男方备酒筵招待媒人，简称"待媒"（主媒二人，男女双方各一个，女方新娘的姐、妹、嫂、婶、伯母、阿姨、姑母、娘娘都算作"挽媒"，挽媒人数多的达二十多人。每个媒人又可带一个小孩，称"媒核"。新郎的姑夫、娘舅坐首席，个个都要"开桌"而坐（一张桌子只坐六人，南面和对面席位均不放长凳，只坐一人）。饭后，男方主人还要给每个小孩送上云片糕和喜钱。

拔袋：结婚之日早饭后，新郎要带上酒筵（酒菜、烟、糖、水果、炮仗等装在大竹匾中）一至二桌，到寄父母（即干爹和干妈）家拜祖。而后，寄父母将"寄名袋"及一套衣裤、鞋袜回送给新郎。临走前，新郎要恭请寄父母参加婚礼，从字面上看，是到寄父母家要钱，实际上也是一个充满人情味的感情联络过程。寄父母也是父母啊，时间久了也感情深厚。只是"拔袋"一词似乎比较露骨，也减少了这个仪式的人情味。拔袋难道是要寄父母掏光口袋？其实并非如此，"拔袋"只是寄父母要把当初认寄儿子时的"寄名袋"归还给寄儿，认同他成家立业。所以，不可望文生义。

为什么有这么个风俗呢？旧时江南一带，家长怕自己家"福分"不够，所以去找一家福大的人家，把自己家小孩名义上算成那家福大人家的孩子，从而使孩子顺利成长。那户福大人家的家长便成了这个孩子的寄父（寄爷）、寄母（寄娘），那个孩子便成了他们的寄儿子或寄女儿，这两户人家便结成了"寄亲"。收寄孩子的那家总是多子女家庭。旧时，多子多女就是福气，是否贫贱并不重要。京剧《打侄上坟》中财主陈伯愈很羡慕带着六个儿子到他家去蹭饭吃、要求施舍的穷人张公道，其中有这样的唱词："张公道三十五，六子有靠。陈伯愈年半百，无有后苗。"在接收寄儿子家庭的门口，靠上一架长梯，长梯上方放置一面筛子。寄儿子家事先准备好一只寄名袋，寄名袋过去香烛店有售，买来后就在里面写上小儿的名字和生辰八字，把此寄名袋从长梯的蹬间空隙中传进寄父家，挂在家堂之上。等孩子长大结婚前，此寄名袋仍须取回。寄儿子家总是要送一些礼物给寄父母。至于寄父母送给寄儿子的礼物，第一次一定会包括一块包袱、一个领子（衣服领子）以及一个肚兜，以谐"包领大"之音（吴地

"肚""大"谐音)。另一种情况,也有寄名到庙里去的。孩子出生满月后,父母将婴孩带到道观寺庙,请道士、和尚取一个道名或法名,叫"寄名"。寄名时,出家人要给孩子一些东西,比如僧衣、道衣等,最突出的是寄名符和寄名锁(索)。

《金瓶梅》里的吴道官除给西门庆的儿子许多东西外,还给了一副银项圈,上面写着"金玉满堂,长命富贵",还有一道朱书黄绫符,上面写着"太乙司命,桃延合康",银项圈和黄绫符就是寄名锁和寄名符了。等到家长认为孩子已经成熟长大,寄名关系便终止了。终止关系的仪式叫"还俗"和"拔袋",也就是把寄名时交给寺庙的寄名袋取回来,回到世俗中来。

除了寄名袋,还有"发禄袋"。

发禄袋又叫"利市袋"。《梦粱录》称之为"百事吉"。

发禄袋由松柏枝、万年青叶子、古铜钱、竹筷子、丝绵、棉线扎成,松柏象征长寿,万年青象征繁荣昌盛,古铜钱象征财源茂盛,竹筷子象征早生贵子,丝绵象征子孙绵延,丝绵染成红色表示大吉大利,棉线象征美满和睦。江南民间结婚时把发禄袋悬挂于床帐或在盖房时挂于房梁,有吉祥的寓意,等到家庭有重大活动时取出。有的人家甚至还在新建住房的正梁上悬挂用金属铜编成的发禄袋,称铜发禄,上面或刻和合二仙。据说,新婚铺床时,先摊席,后铺褥被,还要在被里放五个红蛋、四只团子,在床上两边挂青龙(即铜发禄、铜元宝及铜钱串),在床四边挂吉祥如意绣件,正中挂发禄袋。

迎亲结婚:男女结成夫妻谓之结婚,俗称"好日",男方称娶亲为讨"家主婆",女子叫出嫁。举行婚礼的当天称"正日",上午,请媒人吃早饭,准备两桌酒席及烟、糖、两条鲤鱼、两根甘蔗、一只带爪猪腿、两盘糕等物,派人带着扁担绳索,去女方家搬取嫁妆,称之"发人盘""搬行嫁"。旧时,多用船,现在多改用汽车运送。新郎及伴郎留在新娘家,与女方的亲戚朋友一起吃喜酒,饭后新郎回家,这叫"轿前回门"。傍晚,男家请堂名或鼓手(现在称音乐班)以及抬花轿的轿夫组成迎亲队,"前包相公"(男家的全权代表)开道,媒人、新郎随后,紧接着是鼓乐队和迎亲队伍,一路点放炮仗,前往女家。女家闻声,紧闭大门,几经交涉,待男家拿出"开门钿"和一定数量的烟、糖,满足要求后,才开大门。婚前,新娘在家要拜别祖宗,俗称"别祖"。长礼三请后,新娘在新郎的陪同下,走出闺房,并向在场的亲戚长辈逐个道别。上轿后,新娘必须放声大哭,称"哭发",乃是吉利之举。新娘往往一开始是假哭,哭着哭着就成了真哭,弄得女方的父母跟着掉泪,周围上了年岁的人也跟着伤感或叹息。女方媒人手捧"千年红",两个男孩一挑"子孙桶",一挑"三朝团",还有送亲、陪客,随同新娘去男家。花轿抬到男家,鞭炮、烟花、鼓乐大作。此时,喜堂上早已张灯结彩、红烛高照,待男方家长"接宝"、接"子孙桶"及"三朝团"结束后,新郎、新娘方能进屋,去父母老房坐歇。随后,新郎、新娘换好"上亲鞋",踏上红毡毯,按掌礼口令"拜天地""拜高堂""夫妻对拜",最后送入洞房。婚宴结束后,男方一族要举行"拜祖"仪式。在洞房的布置方面,新床最为突出,挂有"发禄袋"以及绘有吉祥图案的刺绣挂件,还要放黏有红纸的红皮甘蔗、秤杆,讨"节节高升"的吉利。床前放着"子孙桶",桶内放着五个煮熟的红蛋,象征"五子登科"。新郎、新娘入洞房后有坐床、挑方巾、吃夫妻夜饭等仪式。现在,新房布置及其他风俗已趋于现代化,挑方巾等旧俗已废,但"节节高升""五子登科"等象征吉利的风俗依旧存在。

闹房:是婚礼的高潮,称为"闹新房"。俗话说"新婚三朝呒(无)大小",旧时要让新娘在床上翻跟斗,叫"翻元宝",认为越闹越发。通过闹房,增加欢乐气氛,增进亲友感情,现今已演变为让新郎、新娘讲恋爱经过或做一些嬉闹性的游戏。

招女婿:女家膝下无子,需要男方到女方家落户,称"入赘",也叫"招女婿",北方叫"倒插门",蛮形象的。赘婿要改从妻姓,待到生子,就可顶女家姓传代了,俗称"补代"。丧夫的妇女也可招婿入赘,俗称"填黄泥膀",就是寡妇"招女婿",但男方可以不改姓。为何叫"填黄泥膀"?问过几个本地人,说法不一,大多是围绕字面想当然,似乎是招进一个男劳力,跳进黄泥坑干农活,当然最好是腰圆、膀粗、有力气的,花拳绣腿的一边等着去吧,中看不中用,别来惹人心烦了。

这主要是以前的一些风俗,现在一般没有这么多讲究。

生生不息

在天地人的共同协作下,新生命的诞生也就是水到渠成的事。吴地新生命的诞生一开始就显现出不一样的待遇。

催生:新娘婚后有了身孕,俗称"有喜"。娘家要为孩子制作四季小衣服、尿布、抱裙等。待孕期足月,便用一块包袱包好,打了结,连同苦草(益母草)、红糖,带一个小男孩去女儿

家,进门后直奔孕妇房间,据说,迅速打开"催生包",可使产妇顺溜快生。这往往只能给人一种暗示、一种心灵慰藉,但有比没有好。

分娩:旧时称"接产",一般都是请"老娘"在家中接生。丈夫陪伴在旁,大门紧闭,闲人不准入内。这个"老娘"与爹娘并无关系,毫不沾亲带故,就是民间的接生婆,在生命之门接待新生命,称其为"老娘"倒也贴切。胎盘俗称"衣包",处理十分慎重,男孩的衣包必须埋内屋里,女孩的可以随便丢弃。不知定下这样的规矩是出于什么考虑。把男孩的留在家中埋下,是想让其在乡土上如同一颗种子一样生根发芽?而把女孩的随意丢弃,是因为女儿要嫁出?或者说在家中"生根"了就成了嫁不出去的女孩了?这也太想当然了吧!20世纪50年代后期,"老娘"的工作已由农村接生员替代。现时,孕妇大都去医院生产,由医生接生,产妇、婴儿的安全得到了充分保障,也就没有了"衣包"处置不一的规矩了。

坐月:产妇称为"舍姆娘",产妇满月前不能下地,俗称"坐月子"。孩子出生之后,亲友才能去看望产妇,备礼祝贺。旧时,礼品多为一副猪下水及三斤肋条肉。后来,随着生活水平的提高,礼品档次也逐渐提升,由送鸡、猪蹄膀上升到送带蹄猪后腿,还有营养品和保健品。但送云片糕或蛋卷的风俗依旧不变,有一种"你富任你富,我自岿然不动"的神态。大约是因为云片糕有"高"音,蛋卷中的蛋是"元宝",都有吉祥之意在其中。

邋遢团:孩子出生后,要用糯米粉做成圆形的团子,馅是赤豆加糖煮成的,俗称邋遢团,以此馈赠亲友和邻居。现今大多改用"红蛋"(煮熟的鸡蛋染上红色)送人。

满月:初生婴儿满月剃头是人生第一件"庆诞"大事。旧俗,剃头那天要办"满月酒",吃"满月面"。亲友多给婴儿送"剃头礼",有金银项链、锁片、手镯、脚镯、项圈,此外还有其他一些精巧的金银制品,如花生果、小如意、小木鱼等。物饰上面都有"长命富贵""长命百岁"等吉祥字样。这一天,婴儿由舅妈或阿姨抱着,把理发师请到家中给婴儿剃头。而后,大家欢聚一堂,喝酒吃面,同时,还要把面分送给左邻右舍。面要长长的,长面寓意着"长命百岁"。

一个小生命从出生开始,就承载了长辈诸多的寄托和祝愿。吴地是这样,外地也概莫能外吧。

第六章（附录）苏式生活十六图

命若琴弦有知音
聊借墨镜窥佳人
声声移近卧床前
挠到痒处最适意
但惜今生桑榆情
好画蕴含多重解
观画何妨入画中
鸳梦重温今几人
依稀记得孩童乐
有雾无霾朦胧美
疑是怀素转世来
不需檀板共金樽
驼背保镖好阿爹
世事如棋局局新
舞之蹈之桑榆乐
一日清闲君须记
困人天气日初长

人生酸甜苦辣味　琴弦抑扬顿挫音

命若琴弦有知音

　　这是苏式生活的一种。苏州民乐高手多,从小巷中走过,隔墙也许就会听到幽幽琴声,其中各色故事,那就只能各自想象了。请看操琴人的姿态,他眼望虚空,斜着身体,拿弓的右手腕绵中有力,压弦的左手指在弦上似乎是先点了一个泛音,然后由轻而重捻揉,琴音如泣如诉,由远及近,直逼人心。这幅画描绘的是一个二胡演奏者的神态,有题词:人生酸甜苦辣味,琴弦抑扬顿挫音。从神态中听出琴音,从琴音中听出人生,深谙人生万般滋味者才能达到如此境界。这里必须说的是,苏州制造的民乐器在海内外也是很厉害的。国内很多二胡演奏家的名琴大都出自苏州。我采访过二胡名家闵慧芬和陈耀星,知道他们最钟爱的二胡都是苏州产的。日本的指挥家小征泽尔听了闵慧芬演奏的二胡曲,伏案痛哭,他听出了琴音中的悲悯,听出了人生的苦痛。这幅画也是可以赢得很多知音的。

君子坦荡不斜视 聊借墨镜窥佳人

聊借墨镜窥佳人

  估计有人一看此画，就会鄙视戴墨镜者，因为他的余光从墨镜边透出来，偷看佳人，当是一个道貌岸然的伪君子。

  我不以为然，也不觉得这个戴墨镜者有多可鄙。

  这幅画中的戴墨镜者看到擦肩而过的美女，也想欣赏，但顾及自己的身份，只好让目光迂回着看以实现目的。此画自然散发着调侃揶揄之意，却也描摹了苏派男人的教养。至少比那直着眼睛中了邪一般看过去的色眯眯之徒雅致了百倍。一片墨镜像戏台上的水袖，不说搅和得风生水起，总还是摇摇摆摆见风情的。看那《长生殿》中的贵妃喝酒，还有唐明皇喝酒，都要扬袖来遮挡一番，这一扬一遮，就出彩了，拓展了做戏的空间，否则红唇白齿的，明明端的是空酒杯，还干杯，喝空气，多扫兴。

犹恐愁人稍得睡　声声移近卧床前

声声移近卧床前

　　看到画中捏着鞋底、咬牙切齿的男人，不觉想起早年读过的一首小诗。这首诗很短，好像是20世纪二三十年代的人写的，作者名字记不得了，标题叫《偏是》，记得是这样写的：我原不想见她，偏是梦里见着，既然梦里见着，偏是那夜鸟叫着，夜鸟关我什么事，偏是叫得我睡不着，睡不着也罢了，偏是那月光还淡淡地照着！

　　此画上题有"犹恐愁人稍得睡，声声移近卧床前"两句话。屋里人睡不着，月光也在淡淡地照着，大约是嫌夜鸟的叫声柔弱了，也与画中人不好搭配，画面中出现的当是叫春的两只猫，其中一只竖尾咧嘴拱起背如弓，可以想象其声音之凄厉。如此一来，相思无眠者还能不恨得咬牙，捏着鞋底欲出击轰赶捕杀，以解心头之恨？很苏式！很苏式！

中国风俗图志·苏州卷

养得孝顺子　此刻最舒心

挠到痒处最适意

有痒得挠。挠痒有不少可说的,光是那个挠痒的辅助工具——竹制小耙子的命名就透露出若干有意味的文化内涵。北京人称之为"痒痒挠"或"抓挠",只求准确达意,但在感情色彩上比较直白无味。湖北人性格干脆,有痒难受,又求人不得,觉得去蹭树蹭墙又不雅,有此一物在手,演绎另类猪八戒,背上一挠二挠,舒服得直想哼哼,就称小耙子为"不求人"。又听说西湖畔的杭州出美女,小耙子的名称变成了"兰花指"。最有意味的是出了孔孟的山东,称小耙子为"孝顺",令人叩案。

挠痒的绝妙在于,不能左,不能右,不能上,不能下,要恰巧挠到痒处,而且还轻不得、重不得,轻重适中才舒服,有一点点折扣,就"失之毫厘,差之千里"了。这有点像传说中的"点穴",也像一番道理让人茅塞顿开,像苏州虎丘山的生公讲法,说到妙处,连石头都点头。

再好的"抓挠""不求人""兰花指""孝顺",都不及真人的手。

痒不比疼,疼了可以呼天抢地,但痒了挠不着,却是让人抓耳挠腮的烦心事。如今的老人们,温饱自然是无虞的,烦心事呢,还是有不少,做小辈的要会"挠痒"。这又让人想到一个精短的绝对,上联:容易;下联:色难。这个"色难"也是孔夫子说的,是教人做人的。什么意思呢?对待长辈,要和颜悦色,不要给长辈脸色看。我们可能很繁忙辛苦,可能也有诸多失意,但这都不是"色难"的理由,我们不该拒绝,更不该心不在焉或不耐烦地在老人背上乱抓一气,我们要耐心一点、真心一点、温柔一点……

忽然想到画家的毛笔,感觉就像在人间"痒处"神奇出彩、大有作为的"小耙子"呢!

中国风俗图志·苏州卷

不问来世轮回路　但惜今生桑榆情

但惜今生桑榆情

人数五人，辈分三代，摆好合张影，显出恩爱来。尤其是胖老太太，还要"小鸟依人"般往老头子身上靠靠，这一妩媚使画面笼上一层圣光，让那些善于发嗲的年轻人自愧不如。这是给老两口拍合影，儿子当摄影师，儿媳妇带着孙子在一旁观望。画家题词：不问来世轮回路，但惜今生桑榆情。

拍合影是我们生活中极常见的行为，可以说是司空见惯，人人都经历过。一般说来，在一个三代同堂的合影中，最小辈是主角、太阳，旁人呢，都是围着这个太阳转的葵花。似乎小家伙们也习惯做中心，一有不如意，就会大呼小叫地抗议，更有甚者，还会躺在地上打滚哭闹，而大人们立马百依百顺。这样的孩子其实是不可爱的。上了幼儿园或者是上了小学，一定要碰壁或吃点苦头才好。若要追究，责任在大人。这样溺爱孩子会害了孩子。看到这样的场面，说老实话，我是对这家大人心存不恭看法的，说轻点，会判其一个教育无方。

画中的这家不错，主角是老两口。儿子摆足架势给老爸、老妈拍照，儿媳妇牵着孙子在一旁观望、仰视，这就非常有意思。水只能从高处往低处流，家中的一切包括小辈的生命，都是长辈带来的，为了小辈的成长，老人们大多会选择牺牲自己，如今该是弥补的时候了，是"收之桑榆"的时候了。

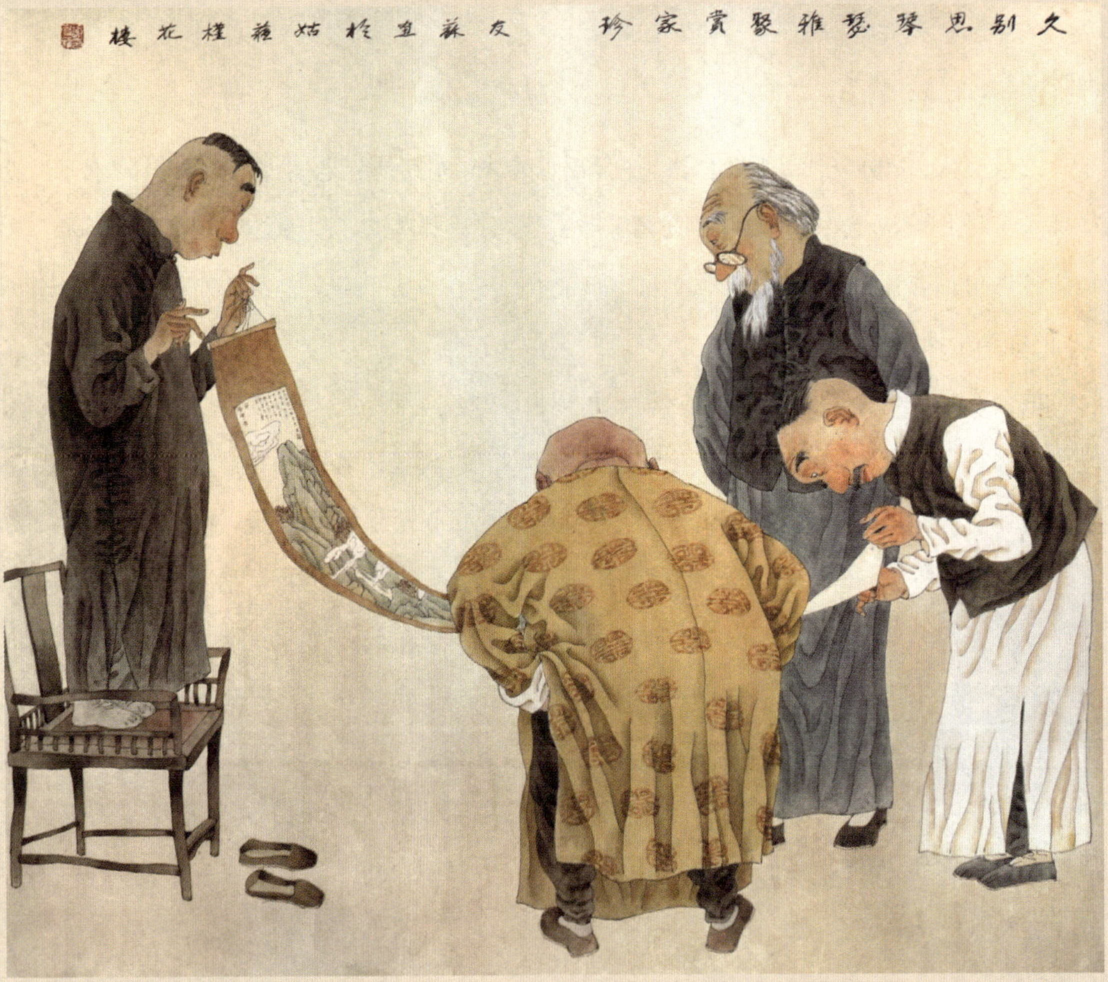

久别思琴瑟　雅聚赏家珍

观画何妨入画中

　　老友相聚,摘下墙上悬挂的书画,细细品味,这是苏州人生活的一部分。画中有题词云:"久别思琴瑟,雅聚赏家珍。"怀疑这是画家生活的真实写照,外出写生久了,就思念家中的夫人;一些画家来家中雅集,那就拿出家中的珍品,与朋友一起分享。"琴瑟"之说是为下面做铺垫的,主要还是想说"雅聚",想说"赏家珍",这相聚实在是非同一般。听人说,要想提升自己欣赏书画艺术的水平,除了高人指点,还有就是利用一切可能和一切资源,多看好字、好画,看多了,水平自然就会高。比如,故宫博物院的普通工作人员离开那里,也能看出许多名画的真伪,因为他们平常就与这些名画打交道,真画假画、珍品劣作,一眼就能鉴别出来。所以,苏州小巷中走出的一个普通人也许就是书画高手,也许就是学问大家。

　　酒逢知己饮,诗向会人吟。书画家们在一起看珍品,比那些胡吹海聊的不知高出多少层次来。只有看出人家的好来,才能学习人家的好。观赏这样的画,看到画中银须老者孜孜以求,不断汲取营养,观画人也仿佛置身画中,成为欣赏珍品的人。

中国风俗图志·苏州卷

时读恋日信 长怀百年恩

鸳梦重温今几人

　　画有题词：时读恋日信，长怀百年恩。一对拄着拐杖的老两口在一棵柳树下，读着当年他们恋爱时的情书，这样的福气说是前世所修也不过分。重温当年花前月下的信誓旦旦，肯定就能消弭日后生活中需要忍的诸般不快，这样下来，自然就能牵手长长久久地走下去，走到夕阳西下，老两口还能从当年的信中拾起鸳梦重温，让人羡慕。夕阳下有个肩膀可倚，那是让许多人踏遍天下觅不得的啊！

中国风俗图志·苏州卷

认输

依稀记得孩童乐

爷爷下棋输了,心甘情愿地让孙子刮鼻子。

小的会做小的,不难,不过依天性而行。但老的会做老的,其实不易。在生活中,我们不是见过很多老顽固吗?很不可爱,很讨人嫌。所以,苏州人口头语中有些关于"老"的近乎指责的称谓:老三老四,老卵,嘴巴"老"。明明是错了,可就是要拧巴着嚼舌根,这理由,那原因,最后不行了就恼羞成怒地摆老资格,老子过的桥比你走的路远!老子在单位里挑大梁时,你还在穿开裆裤,你算老几?这在坐公交车时可以看出来。一些老先生退休了,要外出旅行或打球娱乐,这当然是好的,有益于身心健康。但有些人偏偏不会做老人,偏偏要与上班的和上学的挤公交车,反正他有卡免费,也有的是时间,就要老模老样地趁上班、上学的高峰期去挤。而且,在车上人家让座位让慢了,他还要勃然大怒,吹胡子,瞪眼睛,说很难听的话,有些甚至老胳膊带动老巴掌扇过去。江山易改禀性难移,本来就是一个爱贪便宜从不吃亏的人,到老了,依然保持思维惯式,还是得理不让人、无理变有理:我老了,我们的传统就是敬老,不让座,我就是要骂!其实啊,想想你的老年卡是免费的,你就该想到是社会在尊敬你,你就不能为你的小辈想想吗?有道是"父慈子孝,兄友弟恭",你既不慈又不友,对得起你手中的免费卡吗?其实,谁若有兴趣,又有便捷的资源,翻翻其老底子就知道了,这样的老者在老时尚且做不了好老人,他在做孩子时,估计也不会是个好小孩;少年、青年、中年时,也不大可能是善茬吧?想想看,一个人从少年时代开始就是谦谦君子,就读书明理,注重教养修养,会在老时蛮横不讲理吗?

苏州人讲文明。这幅画做出了生动的诠释。老者也许是故意让小孙子赢的,还偏偏要做出认赌服输的模样,遵守游戏规则,让对面的小孙子刮鼻子。他是明输暗赢、小输大赢,他赢得了对手的尊敬。他那鼻尖好像有一个特殊的穴位呢,孙子勾指一刮,他就年轻了一个花甲,依稀重返孩提时代,返老还童哉!

但见赤橙黄绿紫　不辨东西南北中

有雾无霾朦胧美

吴门绘事盛,画展自然多。于是乎,看画展的过程也成了风景,所谓画里画外皆有景。

看画展,从来就是俗话所说的"内行看门道,外行看热闹"。画家名气响的,看的人自然就多些;名不见经传的,看的人相应就少些。但一般说来,这人多人少只是相对于画家此前的人气而言的。也就是说,即便画展冷冷清清、门可罗雀,那也只能说明画家原先没有名气,不一定画画水平就不行;而画展热热闹闹、观众盈门,表明的也不过是画家曾经是有知名度的,是有粉丝的,与画画的水平不一定完全等同。一个有名的画家若仅仅在重复自己,用一些过去的作品充数,拿不出有新意的作品来,与流水线上的操作工无异,锐意全无,不能不说是辜负了满怀期望的观众。

看画展的人群中有一个特殊的群体,那就是画家的同行。他们愿意来捧场,说一些祝贺的贴心话,对办画展的画家来说,如一阵冬天里的暖风;再就画作中的一些亮点给予充分肯定,那就更让办展人喜出望外了。我一直对那些忙中偷闲肯出席同道书画展的书画家们心怀敬意,尤其是那些前辈,他们在心里也许对年轻人的画风、书风不一定认可,但仍然肯来捧场,送来"给力"的鼓劲,不失为高贵的义举。看不大懂,不太喜欢,都没有关系,能来捧场就是一种赠人玫瑰、手有余香的行为。

吴门艺坛,好前辈多,如同这幅画中的三位耄耋老者。他们面对极端抽象的重彩画的表现就颇有意味。画中有题词:"但见赤橙黄绿紫,不辨东西南北中。"看不懂,仍然歪着脑袋细细打量、慢慢品味,让人感觉多么温暖可亲。请记住,这是吴门的老画家,是有容乃大者。他们从不会吹胡子瞪眼地骂山门,他们也年轻过,知道求索的艰辛不易。虽然不辨东西南北中,但仍在拄着拐杖细细地辨!

秃笔饱蘸信手去 疑是怀素转世来

疑是怀素转世来

苏州出过大书法家张旭，他的狂草变幻莫测、惊天动地，永远光耀书法史的天穹。与他齐名的怀素也是以狂草名闻天下，其草书圆劲有力、奔放流畅。后世有"张颠素狂"或"颠张醉素"之说。他们虽然狂放，却没有为追求新奇而无视法度。相反，他们的草书严谨，结字简练，体现出独特的草书艺术风格。怀素的草书更是以篆书入笔，瘦硬藏锋，这是我们今天的许多自以为是的书法家要学习的。

这吴门书写人在周围人的赞叹中眯缝着眼拎笔狂草，一节长长的烟灰似落未落，也有笔墨欲断未断、笔断味随之意。题词是"秃笔饱蘸信手去，疑是怀素转世来"。自信，自我陶醉，这其实是书写者在写书法时极为重要的心态。没有这几"自"，写起来就索然无味了。

中国风俗图志·苏州卷

幸有微吟可相狎　不需檀板共金樽

不需檀板共金樽

画有题词：幸有微吟可相狎，不需檀板共金樽。

这两句题词是宋代诗人林逋的诗句，出自他的咏梅诗《山园小梅》。原诗中的"檀板"前为"不须"，今写成"不需"，意义不改。林逋被后人称为和靖先生，为北宋初年的著名隐逸诗人。他自幼爱学，好古，通晓经史百家，性孤傲，喜恬淡，自甘贫困，看不起趋炎附势之辈。这首诗中最有名的句子其实是颔联"疏影横斜水清浅，暗香浮动月黄昏"，对仗极工整，词意清雅，至今还广为传诵。但我们读到的他的作品并不多。这位隐居诗人终生未婚，终生布衣，一生爱梅、爱鹤，书画俱佳，却不拿书画卖钱，写诗水平高，与同时代的著名诗人范仲淹和梅尧臣有诗唱和，可以想见其水准之高，但他写诗也是随写随扔，自己从来不当一回事。据说，他以西湖为伴，那时的西湖在杭州城外，就像当时的寒山寺在姑苏城外一样。林逋先生居然在城外生活二十多年，未踏进城市半步，实在让人惊讶。每有朋友来访，家童放飞家养的鹤，鹤便腾空而起，他在湖中看到就立马摇桨驾舟归来。后代的文人陆游、苏东坡和黄庭坚等都高度赞赏其书品、诗品和人品。他把梅花视作自己的老婆，将鹤看成自己的孩子，自甘清贫。但从他的诗句看，他是一个非常注重自身修养的人，是那种"穷则独善其身，达则兼济天下"者，由于一生没有机会"达"过，一生就心甘情愿过着平淡的生活。

现在杭州西湖孤山对面北山路一侧仍有"放鹤亭"和"林和靖先生墓"，是纪念林逋先生的景胜，有缘到杭州西湖之人，不妨去走走看看。

中国风俗图志·苏州卷

甘为子孙老　聚首话当年

驼背保镖好阿爹

每年高考时,考场外都有不少送考的家长,那殷切的目光,那伸长脖子眺望的身姿,总能吸引不少目光。那道风景线中有着发掘不尽的故事。其实,这道燎原的风景源头被人们忽略了。早在很多年前,就有汇成风景的星星之火——那就是从幼儿园开始,一直忠心耿耿的接送队伍。由于父母工作忙,这个任务一般都由孩子的爷爷、奶奶来执行。苏州人叫爷爷奶奶与外公外婆是一样的,都叫阿爹阿婆。阿爹阿婆一个个呵护着齐腰身的小家伙,从一条条小巷中走出。只是到了高考时,阿爹阿婆们又老了十几岁,背的弯曲度更严重了,才让孩子的父母们接班,迎送高考。其实,再不抢一把,这个接送儿子的机会就没有了,对父母来说,不能不算是一个遗憾,得抓住机遇。

但之前漫长的接送工作可是任重而道远。大约是男女分工有别吧,又因为阿婆们要做饭做菜,这个"老保镖"队伍主要以阿爹们为主。书包,还有小提琴和画夹之类,不由分说地被老保镖们承包了。他们背着双肩包,你别说,倒是别有趣味,这个趣味当然是酸甜苦辣咸五味俱全的。小家伙们呢,自然是无包一身轻,结伴走路,有时还会踢几脚足球。

我看到一个个小家伙偏头叫"阿爹阿爹",总是会不自觉地联想:吴侬软语最突出的底色就是软糯,就是"发嗲",而这个"嗲"字可不就是娇声娇气地叫阿爹嘛!这二者之间即便只是巧合,也的确有那么点打断骨头连着筋的感觉。

中国风俗图志·苏州卷

奕（弈）棋图

世事如棋局局新

琴棋书画是文人雅士的爱好，而且彼此相通，好像是文化人的"一厅四室"，可以端着茶壶往来惬意踱步的。此类文雅之风在苏州尤甚。

具体说来，棋可能是偏房。书画和琴都文绉绉的，都是用来抒情的，棋就不一定。看棋局旁的两个老角色，一个一脸苦相地思索，另一个两眼瞪得溜圆，却也观棋不语，也许就是本无良策，说不出。苏州老角色爱围观的神态让人忍俊不禁，在这里让人领略了。"老角色"这个词，依本人的理解，当指苏州的老者，至少还是有一半贬义的，主要是说他们嘴巴"老"、硬，善辩，不认输，能说出大串的道理。有一句话用在这里尤其合适，叫作"莫欺少年穷，莫嫌老来丑"。苏州的老者会做老，虽然话多，有时摆摆老资格，但绝不轻慢孩子。就像学术之争一样，要发难，也要找名家和权威，与小辈争高低没有多大意义，赢了不值得喜，输了则使一世英名扫地。从时间趋势来看，小辈是终将要超越老辈的，所以，小辈惹不起，不惹为上。

桑榆乐

舞之蹈之桑榆乐

苏州的老先生、老太太们跳舞总是让人看得津津有味。有道是"三岁看小，七岁看老"，人的一生，往往从小时候即可看出端倪。举手投足的风范、生活细节的习惯的确能部分表现一个人的发展趋势。习惯成自然，不经意的小细节像春天萌发的嫩芽，有时也非常厉害。那么反过来，从老态中，也能追根溯源般看出这匹"老马"的"蛛丝马迹"、曾经的辉煌。我很喜欢看老先生、老太太们跳舞，老胳膊老腿了，尚且能如此腰杆笔挺、腿脚有韵致，若是年轻的时候，那得多么厉害啊。当然，这些舞星们也可能是老来自学成才，那更是了不起，年轻的时候忙碌，为儿为女当牛做马，如今儿女成人，自己功成名就，可以试探着"老夫聊发少年狂"了。他们"六十岁学打拳"，还能踩踏出这般节奏，起码算是没有浪费父母赐予的良好基因，老年时竟发现自己还潜藏有这般能量！

人在真高兴时，若跑到大街上哇啦哇啦发表一番演说怕吓着人，恐怕会被骂为神经病，反"君子动口不动手"而行之，那么手舞之、足蹈之便显得相当得体。手动为舞，脚动为蹈，加上腰肢，加上心情，足以与春天河边婆娑的垂柳媲美。树木逢春尚且舞蹈，何况人乎？所以，三对老舞友翩翩起舞，仿佛三株老柳迎风招展，动作有点变形和夸张。一旁放置有水壶，水壶旁还放着布鞋，是他们刚刚为了跳舞换下来的。他们多么认真，多么职业，知道布鞋不宜跳舞，所以提前准备替换的皮鞋，跳完舞再换上舒服的软底布鞋。这实在是可爱的"白发苏州"。

中国风俗图志·苏州卷

一日清闲君须记　最是掌灯纳凉时

一日清闲君须记

在我们做孩子的时代，兄弟姐妹多，白天都是放养，各自玩去，父母也有他们各自的活，无暇照料孩子们。夏日的晚上，一家人吃过简单粗糙的夜饭后，母亲还要忙着洗一家人的衣服，要照看猪圈鸡笼，父亲打着蒲扇，在竹榻上与孩子们聊聊家中的历史，聊聊孩子们的爷爷、奶奶，还有父母做孩子时的事儿，抚今追昔。这对那个时代的家庭来说的确是最温馨的时刻。母亲忙完手中的活，也会抱着最小的孩子，加入倾听的队伍中，一恍惚，没准就要惊讶自己怎么从一个小女孩突然变为孩子的母亲啦！

这时的孩子是快乐的，听着闻所未闻的故事，而这些故事又与自己有着某种神秘的关联。白天疯玩，追打嬉闹，这会难得安静，听父亲讲这些故事，懵懵懂懂地了解一些我是谁、我从哪里来，但最后也许就是嘴角流着口水，趴在父亲腿上睡着了。

这时，最快乐的应该还是做父亲的。那时，物质生活和精神生活都匮乏，似乎难得有个人的思想，更别说梦想了。那时的父亲一天忙完，看着自己的孩子簇拥在自己身边，看着他们熟悉又似乎有些陌生的面孔，隐隐约约地感觉到，自己的滚爬劳碌还是值得的。于是，就有了本画的题词：一日清闲君须记，最是掌灯纳凉时。这么片刻的清闲有如窗外的流萤，照彻的却是人性的面目。中国人的索求其实真的有限，真的太朴素，能够团圆、平平安安就已经很满足了。所谓"欲壑无底"那是少数人的事，与芸芸百姓无关。睡前这一刻的亲情交流就是生活的慷慨馈赠。随后，人们便进入甜蜜梦乡，等到睁开眼睛，又是新的一天。

谢却海棠飞尽絮　困人天气日初长

困人天气日初长

谢却海棠飞尽絮,困人天气日初长。

老者在海棠树下打盹,须眉染雪,竹壳暖瓶,青花瓷壶,圆口布鞋边还有一卷线装书,这是一幅暖融融的春困图。一旁的两只彩蝶翩翩,可是庄周梦蝶中的那蝴蝶?抑或是梁祝缠绵?真想在其身上舀一瓢悠闲来分享。

参考文献

1. 顾禄：《桐桥倚棹录》，上海古籍出版社，1980。
2. 顾禄：《清嘉录》，来新夏点校，上海古籍出版社，1986。
3. 袁景澜撰：《吴郡岁华纪丽》，甘兰经、吴琴校点，江苏古籍出版社，1998。
4. 顾禄：《图说古风俗：清嘉录》，王昌东译，气象出版社，2013。
5. 蔡利民：《苏州民俗采风录》，古吴轩出版社，2014。
6. 牛建军、赵斌：《中华传统民间游戏常识》，中州古籍出版社，2014。
7. 沈建东：《风俗里的吴中》，凤凰出版社，2015。
8. 顾禄：《清嘉录》，王密林、韩育生译，江苏凤凰文艺出版社，2019

后 记 1

  我是苏州人，也是个爱看喜剧并热爱生活的人。近二十多年来，我主要画表现苏州老百姓日常生活状态的市井风情画，《姑苏晚报》辟"苏式生活"专栏，每周发表一幅我的画，由刘放老师配文，连续刊载一年余，颇受市民喜欢。

  很多人问我画市井人物时是怎么从生活中提炼出那么多有趣细节的。其实，我觉得生活本身是有趣的、美好的，虽然也有烦恼、忧愁、痛苦乃至不幸，但你如果以平和、达观和愉悦的心态积极对待生活，就会发现生活充满了情趣且应该珍惜人生。

  看我的画会勾起对过去时光的回味，在画中可以看到江南百姓淡定、温馨、儒雅、精致的生活情调，可以体会充满亲情、友情、爱情等人之常情的"苏式"慢生活。

  看我的画会觉得有趣、快乐甚至感动，或许是因为我抓住了一个"情"字。"情"是人和万物沟通的桥梁。我在画里努力表现一种人心向善的回归，让人感到温暖、平淡，让人活得真实、活得开心，特别是到了我这个年龄，更觉得描绘"知足常乐，随遇而安"的平民生活是我永恒的绘画角度和创作主题。

  感谢泰山出版社给予我这次和朋友们分享的机会！

谢友苏
2019年12月1日

后 记 2

今年是我到苏州工作的第三十年。能够为这座城市写本书,我视为对其不弃接纳的感恩之举。

答应写作之初,我其实并非很兴奋,因为有关这座城市风俗的著作已经不少了。尤其是前辈作家的《吴地记》《吴船录》《吴郡志》《清嘉录》《吴郡岁华纪丽》等,均水平极高,让后人仰叹。当代人抄抄摘摘,略加繁衍,已经能换不少碎银,自然也轮不到我一个外地人置喙。但主编先生说,本丛书与以往风俗类丛书不尽相同,对一地的民风民俗不但要知其然,还要知其所以然,进行文化解读,你这个在吴地"而立"的外地人,又对吴地民俗感兴趣,有积累,进得去,也出得来,你也许是一个很不错的人选。这句话像卤水点豆腐一样,立马让我转变,让我兴奋陡添。

我讨厌文抄公,不愿嚼人家嚼过的馍。

我在苏州一直做媒体工作,又一直"混迹"于文化圈内,有不少书画家朋友,也有不少民俗专家朋友,平素报道他们的成绩,自然也会自觉不自觉地偷师。如专家曹林娣、柯继承、老凡、王稼句、沈建东等,都让我受益多多。能够带着自己的思考整理苏州的风俗文化,以让更多的外地人了解这座江南文化古城,应该是一件有意义的事情。我很想将这件事情做好,并不无自信。

这本书是先有画后有文,依照因果,我的文字似乎可以定位为"插文"。我与吴门画家谢友苏先生有过愉快的合作,也是他向丛书的主编力荐,我才得以入主编法眼。这个得在后记中如实一记。

谢友苏先生的画非常精美,市井风情极为传神,他画一幅画花费的时间往往是一周两周,甚至是一月两月。他是个以质取胜的画家。他非常舍得在画中倾注虔诚和汗水。他画工笔画时,画一个开水瓶的竹壳纹理,也舍得花整天的功夫一笔不苟地画完整。正是因为"先画后文",所以书中有些篇目无画。也就是说,谢先生的工笔画在本书中起的功效近乎写意,以少少许胜多多许。这样一来,读者只好展开自己的想象以延伸他画中的意境。这样也好,

后　记

　　一千个读者有一千个哈姆雷特,而读《中国风俗图志丛书》之苏州卷,就是一万个读者有一万个苏州。

　　我在撰写过程中,得到了主编和审读的耐心指点,方渐入港湾,并深受教益,在此一并致谢。

刘放
2019年12月1日

作者简介

谢友苏 1948年出生于苏州市，中国美术家协会会员，法国东方艺术博物馆艺术顾问。父亲谢孝思，著名书画家、园林艺术家，曾任江苏省美协副主席、苏州市政协副主席等职。母亲刘叔华，诗人、画家。幼承家学，奠定了谢友苏扎实的文化基础和绘画功底。他从西画、国画、书法、文学中汲取艺术营养，潜心创作。近年来，他把精力投向了市井人物画的创作，描绘平民百姓家长里短的普通生活。2019年，谢友苏耗时六年心血创作完成了工笔人物国画长卷《平江岁月图》，画面全长4500厘米、宽52厘米，人物近千，入选各级美展并获奖。曾受邀在法国、英国、美国等国家，以及北京、南京、上海、香港、台湾等地举办个展。《周庄古韵》获法国"第二届中国著名书画家艺术作品展"一等奖。出版画集《谢友苏国画作品集》《谢友苏人物画集》《江南风情志》《平江岁月图》。在著名历史文化名街苏州平江路创办了友苏美术馆，长年展示他创作的市井风情画作品。

刘放 1962年出生，祖籍湖北大冶。出版有小说集《远方的诱惑》，散文集《智慧钥匙》《有一个少年》《另类补白》《太湖观澜》，诗集《微醺》，纪实文学《精彩与无奈》，旅游文化读物《虎丘》《周庄》和文化访谈录《你对刘放说》（三卷）等14种，江苏省作家协会会员。获国家级、省级文学和新闻奖若干。现为苏州某媒体评论员。

图书在版编目（CIP）数据

中国风俗图志. 苏州卷 / 刘晓峰，李北山总主编；谢友苏绘；刘放著. —济南：泰山出版社，2020.8
ISBN 978-7-5519-0608-1

Ⅰ.①中… Ⅱ.①刘…②李…③谢…④刘… Ⅲ.①风俗习惯—苏州—图集 Ⅳ.①K892-64

中国版本图书馆CIP数据核字（2020）第022853号

ZHONGGUO FENGSU TUZHI·SUZHOU JUAN
中国风俗图志·苏州卷

策　　划	胡　威
绘　　者	谢友苏
著　　者	刘　放
责任编辑	程　强
装帧设计	路渊源

出版发行	泰山出版社
社　　址	济南市泺源大街2号　邮编　250014
电　　话	综　合　部（0531）82023579　82022566
	市场营销部（0531）82025510　82020455
网　　址	www.tscbs.com
电子信箱	tscbs@sohu.com
印　　刷	东港股份有限公司
开　　本	890毫米×1240毫米　16开
印　　张	14
字　　数	240千字
图　　片	84幅
版　　次	2020年8月第1版
印　　次	2020年8月第1次印刷
标准书号	ISBN 978-7-5519-0608-1
定　　价	106.00元